*Thomas Salmon, La ville de Crémone, capitale du Crémonais dans le duché de Milan, entre 1740 et 1761.*

PAGE PRÉCÉDENTE

*Jean-Édouard Hamman,* Stradivarius dans son atelier, *XIX^e^ siècle.*

Le Musée de la musique abrite l'une des plus prestigieuses collections d'instruments au monde, témoins de la diversité des cultures et des pratiques musicales. Dans sa muséographie et ses expositions temporaires, le Musée déploie un patrimoine vivant, en écho à l'ensemble des manifestations artistiques de la Cité de la musique-Philharmonie de Paris.

Les ouvrages de la collection **musée**de**la**musique placent l'instrument dans une perspective culturelle large, mêlant l'organologie et la musicologie à l'histoire des techniques et des idées. Chaque instrument devient ainsi le terrain d'enquêtes pluridisciplinaires, d'analyses scientifiques et symboliques orientées vers un même but: dévoiler les mystères de la résonance.

ISBN 979-10-94642-26-9


www.philharmoniedeparis.fr

Jean-Philippe Échard

# LE VIOLON SARASATE

## STRADIVARIUS DES VIRTUOSES

musée de la musique

*Le violon Sarasate, Antonio Stradivari, Crémone, 1724.*
*Ce stradivarius de 1724 est conservé au Musée de la musique. Héritier de la dynastie de luthiers fondée par Andrea Amati au milieu du XVI^e^ siècle, Antonio Stradivari porta au plus haut point la facture du violon.*

*Radio Emerson Radio & Phonograph Corp. modèle « stradivarius » CH-256,*
*New York, 1939.*

# Stradivarius : l'histoire d'un nom

Le nom « stradivarius » est celui de tous les superlatifs : violons les plus rares et les plus chers, estimés à plusieurs millions d'euros ; instruments à la plus belle sonorité, joués par les violonistes virtuoses les plus renommés ; violons les plus imités, mais aussi dont il existe le plus de faux. Universelle, son acception s'étend à l'ensemble de la « culture » de l'excellence, associée à des productions artisanales exceptionnelles et auréolée d'un prestige haut de gamme.

Le nom « stradivarius » est aussi un mot passe-partout, à la fois nom propre et nom commun, patronyme, nom d'atelier et substantif. Experts en images comme stratèges en marketing l'usent à la corde, au service d'intérêts économiques, déposant « stradivarius » pour telle marque de vêtements ou nommant « stradivarius » tels produits manufacturés : orgues électroniques et trombones à coulisse, postes de radio et haut-parleurs, queues de billard, stylos de luxe, étuis en bois pour jambon d'exception ou encore casques de vélo...

À l'origine, Stradivarius est le patronyme latinisé d'Antonio Stradivari tel qu'il figure sur les étiquettes apposées par ce luthier dans la caisse des instruments qu'il venait d'achever : « *Antonius Stradiuarius Cremonenfis Faciebat Anno...* » (Antonio Stradivari de Crémone [l']a fait en l'an...). Dépourvu de majuscule, un stradivarius désigne par antonomase un violon, un alto ou un violoncelle fabriqué par Stradivari, dès le début du XIXe siècle. Condensé en un seul vocable, il remplace la périphrase « un violon qui a été fabriqué par Antonio Stradivari ». Fait étonnant, les instruments signés par (ou attribués à) l'un ou l'autre des deux fils du luthier, Francesco et Omobono, ne portent pas la dénomination de stradivarius, alors qu'ils ont le même patronyme. De même, les autres instruments fabriqués par Stradivari, parmi lesquels des guitares, des luths et des harpes, bien plus rares que les centaines d'instruments à archet subsistants, ne bénéficient pas davantage du privilège de l'appellation.

**« LE STRADIVARIUS » DEVIENDRAIT-IL UN CONCEPT OPÉRANT UNE SYNTHÈSE DE SIÈCLES DE SAVOIR-FAIRE ET D'EXCEPTIONNELS TOURS DE MAIN ?**

« C'est un authentique stradivarius » est la phrase que rêve d'entendre tout propriétaire d'un violon, alors qu'il vient de soumettre son instrument à l'expertise d'un luthier.

Certains emploient aujourd'hui « le stradivarius » avec l'article défini, comme s'il s'agissait du violon générique produit par Antonio Stradivari, voire même d'un modèle type, dont de multiples exemplaires pourraient avoir été (et être encore) fabriqués par divers luthiers : comme si tous ces violons étaient des objets strictement identiques et interchangeables. « Le stradivarius » deviendrait-il un concept opérant une synthèse de siècles de savoir-faire et d'exceptionnels tours de main ? En réalité, au cours des sept décennies de production de l'atelier de Stradivari (de 1667 environ à 1737), des violons de différents patrons, formes et dimensions furent fabriqués, ce qui rend en soi impropre l'appellation générique « le stradivarius », sinon pour rassembler sous celle-ci l'ensemble minimal des caractéristiques que partageraient tous les instruments de Stradivari, tout en les distinguant de la production des autres luthiers.

Un demi-siècle après la mort d'Antonio Stradivari, il apparaît progressivement aux musiciens et luthiers qu'aucun des violons fabriqués depuis n'égale la production des luthiers italiens du passé, au premier rang desquels les « stradivarius ». Dans le Paris post-révolutionnaire, du fait notamment de la

VIOLINO.
cresc.
SU-GA
Les Récepteurs...
..."Stradivarius"
de la Radio
S. Blanchard
2133
S.I.I.E.A. 3, RUE LA BOËTIE

création du Conservatoire de musique, l'activité musicale regorge de grands noms : Pierre-Marie Baillot et Rodolphe Kreutzer parmi les professeurs du Conservatoire, François-Louis Pique, Georges Chanot et surtout Nicolas Lupot parmi les luthiers. Tous identifient les stradivarius comme des instruments exceptionnellement supérieurs. Les premiers les jouent dans leurs multiples engagements et concerts — citons les fameuses séances de quatuor et quintette de Baillot, où se presse un large public d'amateurs fortunés —, les seconds les règlent, les restaurent et tentent de s'en inspirer pour réaliser leurs propres instruments. Le stradivarius devient leur idéal et se pare d'une aura de mystère et de secrets. Or, supérieur à tous les violons, il semble concentrer à lui seul un pouvoir aussi exceptionnel qu'unique parmi les productions humaines, celui d'annihiler toute possibilité future d'invention, d'innovation ou d'amélioration. Ce phénomène a inévitablement influencé le marché des violons anciens. D'une part, bien sûr, les stradivarius sont devenus de plus en plus recherchés et leur cote a grimpé. Pour évaluer les qualités des instruments qu'ils examinaient, les luthiers ont développé leur expertise et celle-ci s'est progressivement structurée. De l'autre, la figure romantique du violoniste virtuose, de l'homme-violon, est devenue prédominante et la relation que les musiciens entretenaient avec leurs instruments a transféré à ceux-ci une charge d'association de plus en plus importante aux yeux des amateurs et collectionneurs. Ce n'était plus seulement par sa facture qu'un violon se distinguait dès lors. Par son histoire, par sa provenance, par l'empreinte et le talent du musicien qui l'avait fait vibrer, par les usures qu'il avait provoquées, appréciées comme une patine vénérable, chaque stradivarius devint unique.

L'appellation « stradivarius » ne suffit alors plus à nommer ces instruments, dont on connaissait au XIX^e siècle déjà plusieurs centaines. C'est en effet un des aspects fondamentaux de la fonction du nom propre que de désigner un objet unique, qui permette de le distinguer de semblables. On se mit donc à baptiser d'un nom chacun de ces violons, suivant telle caractéristique physique — la Cathédrale pour un stradivarius de 1707, d'une grande puissance sonore, le Rubis pour un stradivarius de 1708 dont on avait apprécié le vernis rouge étincelant, etc. — ou simplement selon le nom d'un de ses propriétaires — un stradivarius de 1709 s'appelle ainsi le Viotti, du nom du virtuose italien de la seconde moitié du XVIII^e siècle, attestant alors l'importance culturelle qu'avait acquise l'association du nom d'un prestigieux musicien à ce violon.

**LES STRADIVARIUS SE PARENT D'UNE AURA DE MYSTÈRE ET DE SECRETS.**



Aujourd'hui, la plupart des stradivarius, et certains instruments des autres luthiers les plus réputés, Guarneri « del Gesù », Amati ou

Guadagnini, parmi d'autres, portent un tel nom ou surnom : on pourrait dire que tout grand violon a un « petit nom ».

*

Le Sarasate, le violon qui fait l'objet de cette publication, est l'archétype du stradivarius dont l'histoire musicale et les pérégrinations le disputent en importance culturelle aux qualités pourtant exceptionnelles dont il fut doté lors de sa réalisation dans la *casa* Stradivari, à Crémone, en 1724.

Le rapprochement inédit de faits historiques amène à de nouvelles découvertes quant à la provenance de cet instrument, et me permet de les confronter aux diverses hypothèses précédemment émises sur son parcours. Ce travail proche de l'enquête m'a conduit à reconstituer l'histoire de ce violon depuis sa création en 1724 à nos jours, alors qu'il fait partie de la collection du Musée de la musique. Ce récit propose *une* histoire, que de nouvelles découvertes scientifiques, la mise au jour ou la publication de documents encore inédits pourront un jour enrichir.

Jean-Philippe Échard

*Pierre Amoyal et son stradivarius, Lausanne, 2017.*

CI-CONTRE

*Jacqueline du Pré jouant le violoncelle Davidoff de Stradivari daté de 1712, Londres, 1968.*

*Nicola Benedetti jouant le violon Gariel de Stradivari daté de 1717, Londres, 2015.*

*David Grimal jouant le violon Roederer de Stradivari daté de 1710 environ, Paris, 2015.*

*Alessandro Rinaldi,* Antonio Stradivari dans son atelier, *1886.*

# LE VIOLON DE STRADIVARI

*Le violon Sarasate, Antonio Stradivari, Crémone, 1724*

# « *Antonius Stradiuarius Cremonenfis Faciebat Anno...* » (Antonio Stradivari de Crémone l'a fait en l'an...)

1724. Louis XV, roi de France âgé d'à peine quatorze ans, dirige le gouvernement depuis moins d'un an, sous le conseil du duc de Bourbon. Vivaldi vient de composer ses concertos pour violon, connus aujourd'hui comme *Les Quatre Saisons*. Joseph Bodin de Boismortier s'installe à Paris et compose les cantates intitulées, elles aussi, les *Quatre Saisons*. Couperin publie ses *Apothéoses*, Rameau son deuxième livre de *Pièces de clavessin*. La *Passion selon saint Jean* est donnée pour la première fois le 7 avril, vendredi saint, à Saint-Thomas de Leipzig, dont Bach est devenu le maître de chapelle quelques mois plus tôt. Haendel crée à Londres ses opéras *Giulio Cesare in Egitto* et *Tamerlano*.

1724. Une année, quatre chiffres. Ce millésime figure en bas à droite de l'étiquette d'un violon. Le 1 est imprimé, d'une encre noire, bien grasse. Les 7, 2 et 4 sont manuscrits, d'une plume fine et dans une encre plus fluide, d'un noir qui a viré au rougeâtre. Cet instrument vient tout juste d'être terminé, dans l'atelier d'Antonio Stradivari, sis *piazza* San Domenico à Crémone. Sous domination autrichienne depuis une quinzaine d'années, Crémone demeure une ville importante du duché de Milan.

**CET INSTRUMENT VIENT JUSTE D'ÊTRE TERMINÉ, DANS L'ATELIER D'ANTONIO STRADIVARI, SIS *PIAZZA* SAN DOMENICO À CRÉMONE.**

En 1724, Stradivari est un homme presque octogénaire (on ne connaît pas précisément sa date de naissance, entre 1644 et 1649) dont la réputation n'est plus à faire. Il s'est inscrit dans la longue tradition de la lutherie crémonaise et a bénéficié d'une longévité — rare pour l'époque — qui lui a permis de produire un très grand nombre d'instruments. Avant lui, trois générations de la famille Amati ont progressivement façonné les caractères principaux des violons de Crémone.

À la mort d'Andrea Amati, en 1577, ses fils Antonio et Girolamo ont poursuivi l'activité, transmise ensuite à Niccolò, le fils de Girolamo, lorsque ce dernier expira en 1630. Niccolò eut la chance d'être l'unique luthier réchappant de la grande épidémie de peste qui, cette année-là, décima un quart de la population d'Italie du

*Panorama de Crémone (vue depuis la Porta Po),* XVIIIe *siècle.*

DOUBLE PAGE SUIVANTE

*Antonio Campi,* Carte du territoire et diocèse de Crémone, *Crémone, 1583.*

DIL CONTADO
DISCRITTIONE
PER SAPERE LA DISTANZA DE LVOGHI BISOGNA COMPASSARE DAL PONTO CHE SI VEDE NEL MEZZO DELLE TERRE ET POI RIDVRSI ALLA SCALA DELLE MIGLIA ET IL PONTE DI CREMONA STA NEL MEZZO DEL TORAZZO
QVESTA E LA SCALA DE LI MILIARI PER POTERE MISVRARE CON IL COPASSO QVANTI
CREMONA
CREMA
PIACENZA
PIACENTINA
PARME
PO
SONCINO
ORZINOVI
PICIGHITON
FONTANELLA
CARAVAZO
MOZANICA
QVINZANO
BVSETO
STRADA DI PICIGHITONE
S. DI CASTELLIONE
S. DI SONCINO
CASTEL NOVO BOCCA DE ADDA

TERRITORIO ET DIOCESI DI CREMONA CON SVOI CONFINI
ANTONIVS CAMPVS
PICTOR ET EQVES
CREMONEN. F. ANNO
M. D. LXXXIII
DAVID DE LAVDE
HEBREVS CREMONE
INCIDI
MANTOA
PARMA
CASAL MAGIORE
VIADANA
CVRTATON
S. MARIA DE GRATIA
ASOLA
CANETO
MARCARIA
GAZOLO
BORGO FORTE
CASTEL DIDONE
RIVAROLO DI FORA
SABIONEDA
COMESAZZO
CAMRINA
GVASTALLA
BRISELLO
COLORNI
TORESELLA
POMPONESCO
DOSOLO
S. MARTINO
MANTOVANA
PO
MINCIO F.
MEZODI
SIRO
GRE
ANTANA
IA. SO DA VNO LOGO ALALTRO

*Taille, ténor ou quinte de violon recoupé en alto, aux armes de Philippe II d'Espagne et d'Isabelle de Valois, Andrea Amati, Crémone, avant 1568.*

Nord, et 63 % de celle de Crémone. La demande en violons était forte au XVII^e siècle, et son atelier produisit de nombreux instruments. Niccolò employa et forma plusieurs apprentis et ouvriers, eux-mêmes à l'origine d'autres lignées importantes pour la lutherie crémonaise. Les apprentissages d'Andrea Guarneri et de Giacomo Gennaro dans l'atelier de Niccolò sont attestés, mais il est probable que Niccolò

## Andrea Amati

Andrea Amati (c. 1505-1577) a produit dès le milieu du XVI^e siècle des violons de qualité remarquable, comme en témoignent le raffinement subtil du dessin et l'excellence des finitions de la vingtaine d'instruments subsistants aujourd'hui, certains aux armes des plus importants monarques d'Europe, Philippe II d'Espagne et Charles IX de France.



forma plus de luthiers que n'en font aujourd'hui état les archives : les méthodes de fabrication et les styles des instruments de Francesco Rugeri, Giovanni Battista Rogeri et Jacob Stainer sont visiblement influencés par ceux de Niccolò Amati. Pour les mêmes raisons, il est également très probable qu'Antonio Stradivari soit passé par la *casa* Amati. Une étiquette datée de 1666, aujourd'hui unique en son genre, signe l'un des plus anciens instruments connus de Stradivari, le mentionnant comme l'élève (*alumnus*) de

Niccolò Amati : « Antonius Stradiuarius Cremonenfis Alumnus / Nicolaij Amati, Faciebat Anno 1666 ».

Plus d'un demi-siècle sépare ce premier instrument de celui de 1724 sur lequel nous portons notre attention. Entre-temps, Antonio Stradivari a produit des centaines d'instruments. Les violons représentent la plus grande partie de sa production, bien sûr, mais des luths, des guitares, des violes et des archets

## La lutherie de Crémone



La ville de la vallée du Pô, qui rivalise alors avec Milan sa voisine, est identifiée depuis plus d'un siècle et demi par toute l'Europe comme le plus prestigieux centre de production de violons. Appréciés pour leur sonorité et leur beauté, ils sont estimés des musiciens comme des princes qui les commandent.

provienent également de son atelier. On relève même l'existence d'une harpe, comme de patrons et de dessins pour les ferrures des étuis d'instruments. Certains violons, richement décorés de délicates arabesques de bois noir incrustées sur les éclisses et le cheviller, de motifs de nacre et d'ivoire soulignant la table d'harmonie et le dos, attestent l'aisance d'une partie de sa clientèle. Il fournit notamment un

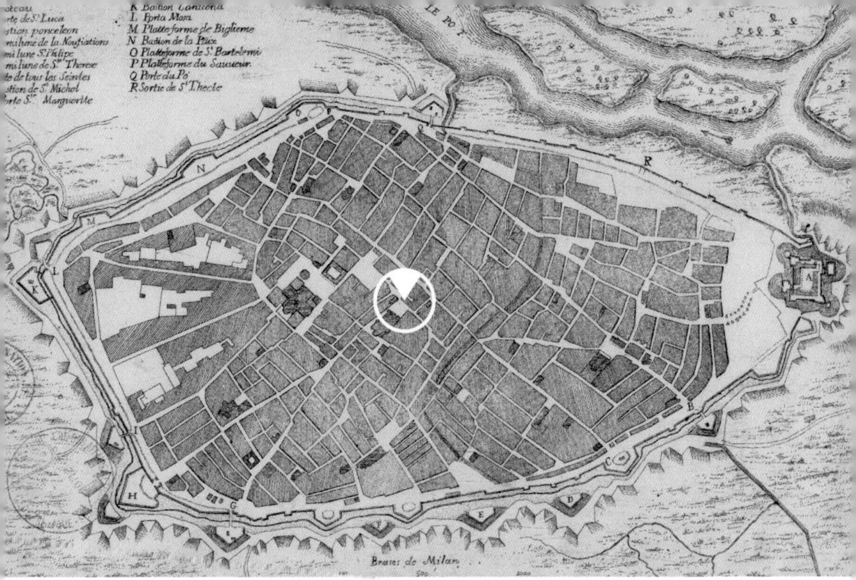


*Plan de Crémone,* XVIIIᵉ *siècle.*
*La* casa *Stradivari se situait au centre de la ville, en face de l'église San Domenico. Celle-ci et les constructions voisines ont été détruites, remplacées par les jardins publics de la* piazza *Roma.*

CAFFE CON BIGLIARDO
SARTORIA

quintet d'instruments pour la famille Médicis en 1690. Par son travail et sa production, il perpétue la réputation d'excellence dans la facture du violon qu'ont progressivement instituée ses

## La *casa* Stradivari (l'atelier Stradivari)

L'atelier de la famille Amati connut un rapide déclin après la mort de Niccolò, en 1684. Antonio Stradivari, lui, avait acquis en 1680 une grande maison située *piazza* San Domenico — contiguë à celle des Guarneri et partageant l'arrière-cour avec celle des Amati — pour y installer famille et atelier. Son ascension sociale accompagne dès lors une production d'instruments régulière et conséquente, qui atteint son « âge d'or » dans la deuxième décennie du XVIIIe siècle.



prédécesseurs à Crémone et domine, tant par la qualité de son ouvrage que par sa réussite sociale et sa prospérité, l'activité de lutherie de la ville. Seuls peut-être les violons de Jacob Stainer, qui s'est établi à Absam dans le Tyrol, sont plus appréciés — mais pour combien de temps encore ?

Si les documents historiques qui témoignent de la vie de l'atelier Stradivari sont extrêmement rares et n'autorisent que peu de certitudes, les

*Aurelio Betri, Vue de la* casa *Stradivari, Crémone, c. 1882.*

archives paroissiales et notariales conservées à Crémone permettent toutefois d'esquisser un portrait de la *casa* Stradivari en 1724. À l'aube de ses quatre-vingts ans, Antonio gouverne sa maison comme il gouverne son atelier, avec sagesse et fermeté. Sa seconde femme Antonia, âgée de soixante ans, et trois de leurs enfants, Giovanni Battista Martino, Giuseppe Antonio et Paolo, respectivement âgés de vingt et un, vingt et seize ans, participent sans doute à la vie de la maison. Peut-être le père a-t-il déjà choisi le destin de Giuseppe Antonio, qui deviendra prêtre, et celui de Paolo, commerçant. Leur aînée, Francesca Maria, est entrée dans les ordres, placée dans un couvent à Mantoue vers 1722. L'octogénaire est secondé à l'atelier par deux des fils issus de son premier mariage, Giacomo Francesco, cinquante-trois ans, et Omobono, quarante-cinq ans, qu'il a formés à la lutherie.

**PLUSIEURS MAINS ONT DONC CONTRIBUÉ À LA FABRICATION DU VIOLON.**



En cette année 1724, l'atelier est composé de Giuseppe Antonio, de Giacomo Francesco et d'Omobono, auxquels se joint très certainement Giovanni Battista Martino. Aucun document n'atteste la présence d'autres luthiers, ouvriers et apprentis. Quoi qu'il en soit, la maîtrise de l'art et l'expérience se conjuguent à merveille avec la force de l'âge et le savoir-faire pour préserver l'excellence et la réputation de la *casa*. La majeure partie du travail de l'atelier est organisée de manière tout à fait rationnelle et les tâches sont réparties suivant les compétences. Plusieurs mains ont donc naturellement contribué à la fabrication de notre violon, conformément aux pratiques de production collective des ateliers d'artistes et d'artisans d'alors.

On distingue aujourd'hui plusieurs périodes au sein de la production de l'atelier d'Antonio Stradivari. Les premières années révèlent des instruments très fortement influencés par ceux de Niccolò Amati. À partir de 1690, le patron des instruments s'affine : la caisse s'allonge, et devient moins large de quelques millimètres. Les violons de cette période sont aujourd'hui appelés « longuets ». Au tournant du XVIIIe siècle, on constate un retour à des instruments aux formes plus larges. Les voûtes, celles de la table d'harmonie notamment, deviennent moins prononcées, plus plates, ce qui confère davantage de puissance aux instruments. Les bois sélectionnés témoignent d'un choix raffiné, qu'il s'agisse des pièces en épicéa, pour les tables, ou des pièces en érable, choisies pour la profondeur et la régularité de leurs ondes. Les années 1700 à 1720 environ voient la fabrication des plus beaux instruments du maître, devenus historiques : cette période de concentration des chefs-d'œuvre est dite « période d'or ». Soignés, élégants, ils représentent l'apogée d'une production qui a déjà atteint un niveau élevé où elle prédomine. Dans la décennie qui suit, l'atelier maintient un certain rythme de production. Les violons aux bois de grande qualité et aux voûtes amples sont conçus sur de larges patrons, pour des instruments sonores et puissants.

Pour réaliser le fond du violon, un quartier d'érable a été fendu dans le sens de la longueur, révélant des ondes certes un peu irrégulières mais nettement marquées. En ouvrant comme un livre les deux pièces, ces ondes offrent à voir un motif symétrique, en miroir, en forme de V très évasé. Elles sont décrites comme

## La construction du violon



Ces étapes de construction n'ont guère changé depuis la jeunesse d'Antonio Stradivari. Pour chaque instrument, une fois le modèle choisi et les bois sélectionnés, le façonnage et l'assemblage des pièces sont ponctués par les temps nécessaires au séchage, mais aussi aux contrôles intermédiaires de la qualité.

légèrement ascendantes. Les deux quartiers sont ensuite fermement collés suivant le joint central, puis découpés selon la forme de caisse choisie. En raison de la dureté du bois d'érable, c'était probablement l'un des fils, et non Antonio lui-même, qui était chargé de dégrossir la voûte à la gouge. Dans un morceau du même érable, on prépare le manche, terminé par le cheviller

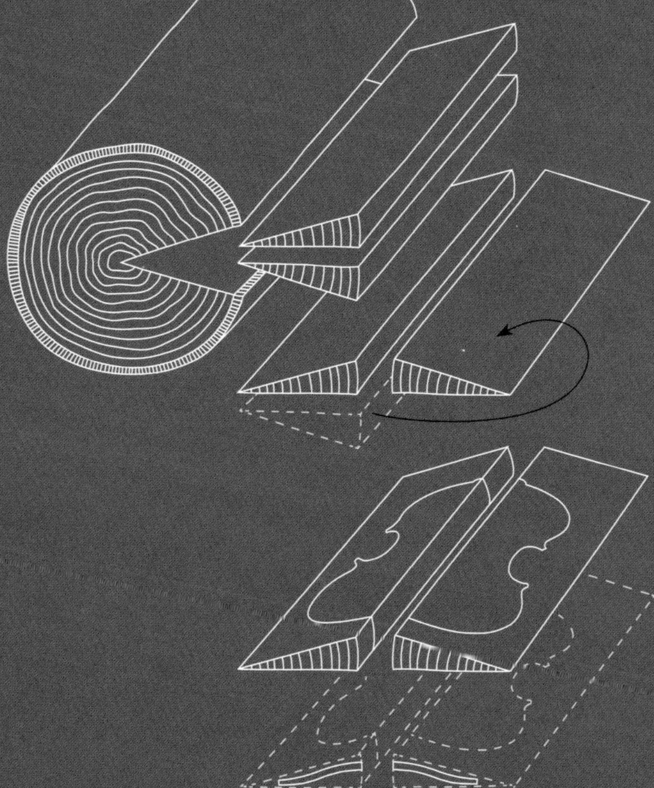

*Débit du bois pour réaliser la table d'harmonie et le fond du violon.*

*Pièces de bois en cours de séchage sous les toits de l'école de lutherie de Brienz en Suisse, 2017.*

et la volute sculptée en spirale. Cette forme, d'une géométrie complexe et d'une élégance remarquable, est façonnée suivant des gabarits dont les dimensions sont reportées au compas à pointe sèche, laissant souvent des marques dans le bois. Enfin, toujours dans le même bois, de fines et longues planchettes sont réalisées : elles constitueront, une fois courbées à chaud, mises en forme le long du moule interne de la caisse et collées sur les petits blocs de coins et aux tasseaux, la couronne des éclisses. Celle-ci est ensuite collée à la pièce de fond. Le moule interne peut alors être retiré.

**AVEC SES COUPS DE MARTEAU NETS ET PRÉCIS, L'UN DES FILS D'ANTONIO FAISAIT VRAISEMBLABLEMENT RÉSONNER LA *CASA* STRADIVARI.**

Le violon commence réellement à prendre forme une fois le manche fixé à la caisse. Pour cela, l'atelier Stradivari utilise encore une technique vieille de plus de deux siècles, héritée des facteurs de luths, notamment de ceux qui avaient émigré de Füssen en Bavière vers Venise, Bologne, et toute l'Italie du Nord au XVI^e siècle. Avec ses coups de marteau nets et précis, nécessaires à l'implantation des quatre clous en fer forgé à travers le tasseau supérieur de la caisse et la fine couronne d'éclisses, l'un des fils d'Antonio faisait vraisemblablement résonner l'atelier.

La table d'harmonie joue un rôle acoustique primordial. Elle est faite d'un bois résineux, souvent de l'épicéa, doté de caractéristiques vibratoires optimales. Stradivari se devait d'avoir une réserve suffisante de bois pour sa production d'instruments. Une fois les pièces (ou les sections de tronc) achetées, elles étaient débitées en quartier, suivant le fil du bois, en des sortes de prismes de longueur et épaisseur suffisantes, et entreposées pendant quelques années dans un endroit bien ventilé et à l'abri des intempéries afin d'en garantir le séchage.

Pour façonner la table d'harmonie, Stradivari sélectionnait un quartier bien sec d'un épicéa qu'il avait acquis moins de six ans auparavant. Il évaluait en effet la qualité des bois depuis plus de cinquante ans, et savait pertinemment qu'avec ce même bois, au grain parfois très serré au centre et plus large vers les bords, il pourrait confectionner les tables de plusieurs autres instruments.



Les filets sont constitués de trois fins brins de bois, deux brins à la teinte sombre encadrant un brin clair. Ils sont insérés et collés dans une rainure, soulignant à quelques millimètres à l'intérieur les contours de la table et du fond.

On distingue encore dans le bois quelques rayures d'un outil plus fin utilisé pour la finition des voûtes. À peine discernables lorsque le bois est nu, elles n'apparaissent qu'une fois l'instrument verni. Cependant, de telles marques sont rarement présentes sur les instruments produits dans les décennies précédentes, et traduisent peut-être une attention moins grande

*Le violon Sarasate, Antonio Stradivari, Crémone, 1724.*
*On distingue encore, sous la forme d'une fine ligne rouge sombre, la trace d'outil repérant la ligne de crête des bords, à l'extérieur des filets. Ce repère guidait le travail de sculpture des voûtes, gorges et bords.*

*Photographie au microscope du violon d'Antonio Stradivari de 1724. Les grains de vermillon, de quelques micromètres de diamètre, sont dispersés dans la fine couche de vernis.*

apportée à l'apparence visuelle des instruments. Pour la finition de la table et du fond, il a également fallu « rouler les bords », c'est-à-dire les chanfreiner, les arrondir là où la table et le fond surplombent les éclisses. Le trait de trusquin marquant la ligne de crête de ces bords est même encore visible en quelques endroits sous le vernis de l'instrument.

La fameuse coloration rouge des vernis de l'atelier de Stradivari provenait des précieux

## Le vernis

Cette fine pellicule d'huile et de résine appliquée sur le bois joue un rôle essentiel dans l'aspect du violon. Sa teinte et l'intensité du chatoiement doré et lumineux obtenu dépendent notamment de la nature des pigments qui lui sont incorporés, de la technique de cuisson et du geste de vernissage.



« pigments laqués », élaborés à partir d'un colorant naturel, très certainement de la cochenille provenant du Mexique, qui était fixé sur de l'alun de roche. Ces laques de cochenille produisaient une intense couleur rouge, pouvant tendre vers le rouge bourgogne, tout en préservant sa transparence à la couche à laquelle elles étaient incorporées. Les peintres utilisaient de tels pigments laqués pour rehausser de délicats glacis rouges transparents les carnations et les draperies de leurs tableaux. Or, depuis quelques années, la composition des vernis de l'atelier avait changé. Les laques de cochenille avaient été remplacées par du vermillon, un pigment minéral, certes souvent décrit comme rouge, mais avec une composante tendant vers le jaune, le rapprochant en réalité d'un orangé. Ce pigment, lorsqu'il est incorporé au vernis, est beaucoup moins transparent que les laques de cochenille. Ainsi, le nouveau vernis au vermillon procure une apparence visuelle particulière à notre violon. D'une teinte plus riche en jaune que celui des violons de la « période d'or », il donne en outre l'impression surprenante d'être opaque lorsqu'on l'observe en lumière rasante.

Une fois le vernis appliqué, l'instrument était suspendu, afin qu'il sèche à l'air et à la lumière.

*Rembrandt,* Isaac et Rebecca, *Amsterdam, c. 1665-c. 1669.*
*Rembrandt a réalisé la robe rouge du personnage féminin en superposant au vermillon (plus orangé) un glacis contenant de la laque de cochenille, conférant une profondeur et un lustre unique au textile.*

*Château de Salabue, Ponzano Monferrato, XIVe siècle, transformé au XVIIe siècle.*

# LE VIOLON DU COMTE COZIO

*Portrait d'Ignassio Alessandro Cozio, comte de Salabue.*

## Cozio acheta à Paolo Stradivari, entre 1773 et 1775, dix violons signés Antonio Stradivari.

Ignassio Alessandro Cozio (1755-1840) est un aristocrate originaire de Casale Monferrato dans le Piémont. Son père Carlo Cozio, connu pour son traité sur les échecs (*Il Giuoco degli Scacchi*, 1740), était comte de Montiglio et Salabue, deux territoires voisins de Casale Monferrato. Est-ce le violon de 1668 de Niccolò Amati, que possédait le comte Carlo, qui éveilla chez son jeune fils un intérêt pour la lutherie ? À dix-sept ans, en 1771-1772, alors qu'il étudie à l'académie militaire de Turin, celui-ci fait la connaissance du luthier Giovanni Battista Guadagnini. Un an plus tard, par l'entremise de Guadagnini puis par celle d'un agent — son rang interdisait à Cozio d'engager directement de telles démarches —, Giovanni Michele

Anselmi, il se rapproche de Paolo, le dernier des fils d'Antonio Stradivari.

Les dernières volontés du luthier concernant les instruments et la lutherie sont exprimées dans un testament qu'il prépara entre janvier et avril 1729. Ses fils Omobono et le tout jeune Paolo recevaient chacun six violons, alors que Francesco était désigné comme son successeur, héritant de l'intégralité de l'atelier, outils, réserves de bois et de tous les instruments déjà fabriqués. Omobono mourut sans enfant cinq ans plus tard, et Francesco un an après lui, en 1743, également sans descendance. En définitive, c'est Paolo, le dernier fils d'Antonio, qui hérita de l'intégralité des instruments. À la mort de Francesco, il possédait donc la totalité de l'atelier de lutherie, outils et moules, et presque une centaine d'instruments achevés, en parfait état. Au fil des ans, Paolo a progressivement vendu les instruments réalisés par ses frères et par son père. En 1773, lorsque le comte Cozio entre en contact avec Paolo Stradivari, celui-ci est âgé de soixante-trois ans.

Les dates, les circonstances exactes de la transaction et surtout l'identité précise de certains des instruments qui restaient en possession de Paolo et qui furent acquis par Cozio ont fait l'objet de nombreux débats. En tout état de cause, les documents d'archives convergent vers une même constatation : Cozio acheta à Paolo Stradivari, entre 1773 et 1775, dix violons signés Antonio Stradivari et deux signés Francesco

Stradivari. À la fin de 1774 ou au début de 1775, il consigne par écrit la description de ces violons, dont celui-ci : « Fond [de deux pièces] joint[es], bois différent [de celui du précédent violon décrit dans ce manuscrit, au millésime de 1716], [aux ondes] plutôt larges et belles, le bouton [de pied de manche] est plus rond, presque un cercle, la volute est belle et soulignée de noir, la facture est comme le précédent mais le vernis est le plus jaune de tous. L'étiquette comme les autres [violons de ce luthier] au millésime de 1724 est tamponnée [du monogramme de Stradivari]. » Dans l'ensemble des nombreux manuscrits conservés du comte Cozio, c'est le seul violon au millésime de 1724 qui apparaisse. Il est mentionné et décrit encore trois fois, en 1801, 1808 et 1816.

**LES MANUSCRITS DU COMTE COZIO SONT LES PLUS ANCIENS TÉMOIGNAGES ÉCRITS DU TRAVAIL D'EXPERTISE EN LUTHERIE.**

Ce violon de Stradivari n'a jamais été vendu par l'atelier du maître. Il est resté en possession d'Antonio Stradivari jusqu'à sa mort, en 1737. Cozio acheta ce violon à Paolo Stradivari vers 1774, qui était donc en sa possession depuis plus de trente ans. Cet instrument n'avait alors jamais été joué, ou très peu, et il était sûrement en excellent état de conservation. Le vernis était probablement quasi intact, très peu usé, et les commentaires sur sa couleur dans les notes de Cozio en soulignent l'apparence particulière : les mentions « le vernis le plus jaune de tous »,

« rouge clair tirant vers le jaune », « rouge clair » rappellent nos propres observations et analyses révélant que du vermillon, ce pigment d'un rouge très orangé, donnait à son vernis une apparence visuelle singulière.

Mais comment nous assurer que Cozio fut le premier propriétaire du violon de 1724, aujourd'hui conservé au Musée de la musique ?

## Cozio, collectionneur érudit

À peine âgé de vingt ans, sa fortune aidant, Cozio constitue une importante collection d'instruments, bien sûr, mais aussi de documents, de moules et d'outils visant à préserver les témoignages de la pratique de lutherie crémonaise dont il est le premier spécialiste. Le Musée de la musique de Paris en détient certaines pièces, la majeure partie étant conservée au Museo del Violino de Crémone.



Les descriptions des deux instruments sont en tous points compatibles et les millésimes correspondent. L'hypothèse est corroborée par l'enquête reproduite en pages 59-65.

Les manuscrits du comte Cozio sont les plus anciens témoignages écrits du travail d'expertise en lutherie. Depuis, même si le vocabulaire employé et l'organisation des observations ont tendu vers une certaine homogénéisation,

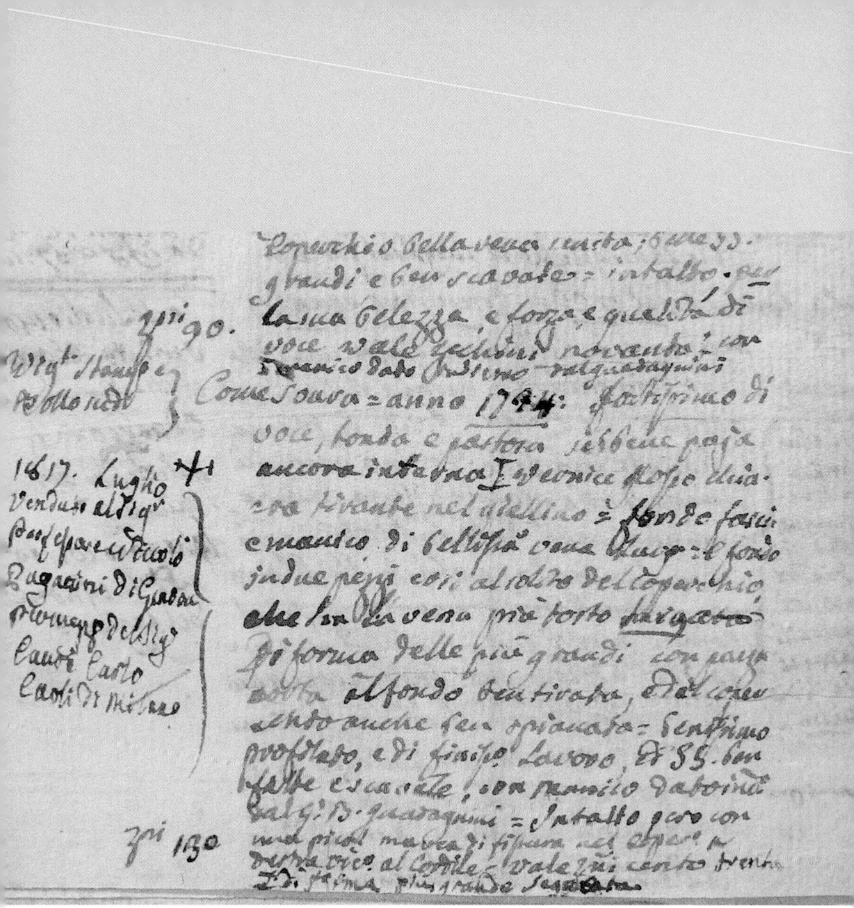

*Cozio di Salabue, Description de son stradivarius de 1724 dans l'inventaire manuscrit de ses instruments, vers avril 1801. En marge, la mention de la vente à Niccolò Paganini en 1817.*

DOUBLE PAGE SUIVANTE

*Six moules provenant de l'atelier de Stradivari et de la collection de Cozio.*

*Le violon Sarasate, Antonio Stradivari, Crémone, 1724.*
*Le manche original du Sarasate a été plusieurs fois déplacé et recalé par rapport à la caisse. Les points sombres visibles sur le profil du manche sont les traces des*

l'approche a peu varié. Les différences entre la méthode descriptive de Cozio et celle de Charles-Eugène Gand, à la fin du XIXe siècle, voire des experts luthiers d'aujourd'hui, sont minimes. Ces documents nous permettent de mieux appréhender la démarche et les centres d'intérêt du comte, mais aussi de mieux comprendre la constitution et l'évolution de sa collection. Le comte l'inventorie à plusieurs reprises, il décrit, mesure et catalogue ses instruments, découvrant des analogies de formes entre violons et moules de construction.

Le comte jouait également ses violons, et les maintint en état de jeu grâce aux frères Mantegazza, luthiers à Milan. Fort de ce qu'il apprit et observa auprès de Guadagnini et des Mantegazza, il laissa des mémoires, de nombreuses notes ainsi qu'une correspondance importante, tous ces documents étant aujourd'hui conservés à la Biblioteca Statale de Crémone.



## Un instrument « modernisé »

Aux XVIIIe et XIXe siècles, les violons anciens sont modifiés pour s'adapter aux changements de la musique. Cette « mue » se fait au prix du remplacement de pièces originales, sans que cela ne transforme fondamentalement la nature des instruments.

Afin d'adapter le violon de Cozio aux nouveaux usages en termes de montage et de jeu, Guadagnini réalisa le recalage du manche plus en arrière. Cette intervention, documentée par Cozio en 1801, survint avant 1786 — l'année du décès de Guadagnini — et certainement entre 1774 et 1776, années durant lesquelles la collaboration entre le comte et le luthier fut la plus fructueuse. Guadagnini a pu être celui qui, lors de la même intervention, adapta la courbure de l'éclisse du bas et y inséra les deux pièces de filet si particulières (voir l'enquête ci-contre).

Au tournant du XIXe siècle, Cozio possédait sans conteste l'une des plus belles collections d'instruments de Stradivari et d'autres luthiers crémonais. Les vingt-cinq années passées à collecter instruments, outils et témoignages ainsi qu'à étudier l'ensemble de ces sources en font le plus grand — sinon le seul — érudit de son temps sur la lutherie italienne des XVIIe et XVIIIe siècles. Il n'était pas pour autant opposé à la vente de certains de ses instruments. Il proposa ainsi une partie de sa collection à Milan en 1801 puis en 1803. Or le violon de 1724 ne faisait pas partie de ces ventes ou en tout cas ne fut pas vendu à ces occasions, puisqu'en 1816, il se trouvait encore entre les mains de Cozio.

**COZIO FUT LE PREMIER PROPRIÉTAIRE DU VIOLON QUE STRADIVARI CONSTRUISIT EN 1724.**

# L'enquête

Comment affirmer que le comte Cozio fut le premier propriétaire du violon que Stradivari construisit en 1724?

Avant d'arriver à retrouver la trace de Cozio, une enquête rigoureuse a été menée à partir de l'observation minutieuse de l'instrument, éclairée par les manuscrits de Cozio et de récentes découvertes sur ses méthodes de travail.

D'autres stradivarius — avec un fond en deux pièces d'érable aux ondes larges, les chanfreins de la volute rehaussés de noir, au millésime de 1724 — pourraient correspondre en effet à la description initiale de Cozio (p. 51). L'un d'eux en particulier, daté de 1727 et aujourd'hui conservé à la Nippon Music Foundation, avait été « reconnu » par Emil Herrmann au milieu du XXe siècle comme étant celui de Cozio. Ces caractères seuls ne sont donc des indications suffisantes. Il nous faut pousser l'enquête plus loin.



Dans les descriptions ultérieures qu'il a faites de son propre violon, Cozio nous livre des observations plus précises. Il note en 1801 : « [...] Du modèle des plus grands [...], avec le manche mis en arrière par G. B. Guadagnini : intact mais avec une petite fissure sur la table, à droite près du cordier [...]. » Et début 1808, la description s'enrichit de détails inédits, parmi lesquels un « [...], modèle plus grand P.G., [...], l'éclisse est doublement jointe dans le bas avec deux pièces de filet complet [...] ».

Nous apprenons donc en premier lieu que le violon possède son manche d'origine, simplement recalé vers l'arrière. Il laisse également apparaître une petite fissure distinctive à droite du cordier.

Ensuite, Cozio mentionne une caractéristique assez rare : la présence de deux pièces de filet en bas du violon. La longue éclisse du bas du violon joint usuellement d'une seule pièce les deux coins inférieurs de la caisse, mais la rétractation du bois avec le temps modifie le dessin de celle-ci. On a souvent réadapté la courbure de cette éclisse en la coupant en son milieu, en y réduisant sa longueur et en recollant les deux pièces remises en courbe, au niveau du bouton de l'attache-cordier, sur le tasseau du bas. Mais alors qu'il est fréquent de trouver à cet endroit une seule pièce de filet, constituée de trois brins (sombre/clair/sombre), le violon décrit par Cozio, lui, en compte deux. Le violon Sarasate du Musée de la musique présente cette spécificité, tout comme son manche d'origine, contrairement au violon conservé à la Nippon Music Foundation.



Enfin, le comte désigne son violon comme appartenant au « modèle des plus grands » (*delle più grandi*), et ajoute même les deux lettres « P.G. » dans sa description de 1808. Cozio est en réalité le premier — et le seul avant bien longtemps — à caractériser en différents modèles la production de violons de l'atelier Stradivari, à partir du patron de la caisse des instruments.

Cette catégorisation, dont témoignent ses écrits, est le fruit de plusieurs décennies de comparaison des mesures des instruments, mais aussi des moules et des patrons d'atelier qu'il avait acquis auprès de Paolo Stradivari. De récentes études menées à Crémone, graphologiques — pour la reconnaissance du scripteur — et chimiques — pour la composition de l'encre —, indiquent que Cozio lui-même a bien inscrit sur les moules, patrons et instruments de sa collection les lettres G, PG, S, P, etc., correspondant aux différents modèles qu'il avait identifiés.

*Le violon Sarasate, Antonio Stradivari, Crémone, 1724.*
*La double ligne de filets en bas des éclisses du violon correspond à une observation de Cozio.*

Le violon Sarasate du Musée de la musique est l'un des six violons de Stradivari à porter encore une telle inscription dans la mortaise du cheviller — cette partie creusée, où les cordes sont enroulées aux chevilles : le Soil de 1714, le Messie et le Toscan de 1716 sont marqués de la lettre « G », alors que le Alard-Knoop de 1715, le Lady Blunt de 1721 et celui du Musée portent les initiales « PG ». Sur notre violon, l'inscription est ancienne et bien antérieure aux récentes découvertes identifiant Cozio comme auteur de ces marques — les experts luthiers londoniens Hill l'ont attesté sur l'instrument dès la fin du XIXe siècle.

*Le violon Sarasate, Antonio Stradivari, Crémone, 1724.*
*L'inscription « PG » dans la mortaise du cheviller du Sarasate est très semblable à celle qui figure sur le moule de violon MS21 de la collection de Cozio.*

Outre ses traits distinctifs, dont la conjonction restaure l'unité originelle, le violon Sarasate porte les lettres « PG » de la main de Cozio. Le croisement de l'analyse des sources écrites directes avec celle issue de l'observation de l'instrument confirme donc que le comte Cozio a bien été le premier propriétaire du violon après la famille Stradivari.

*Inscription « PG » sur le moule de violon MS21*
*provenant de l'atelier de Stradivari et de la collection de Cozio.*

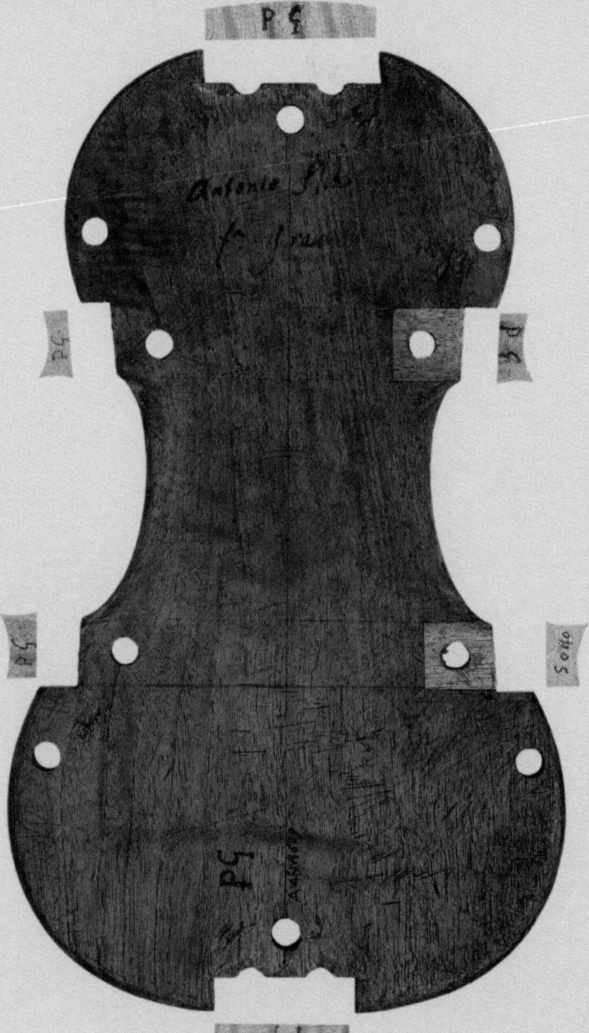

*Moule de violon MS21 provenant de l'atelier de Stradivari et de la collection de Cozio.*

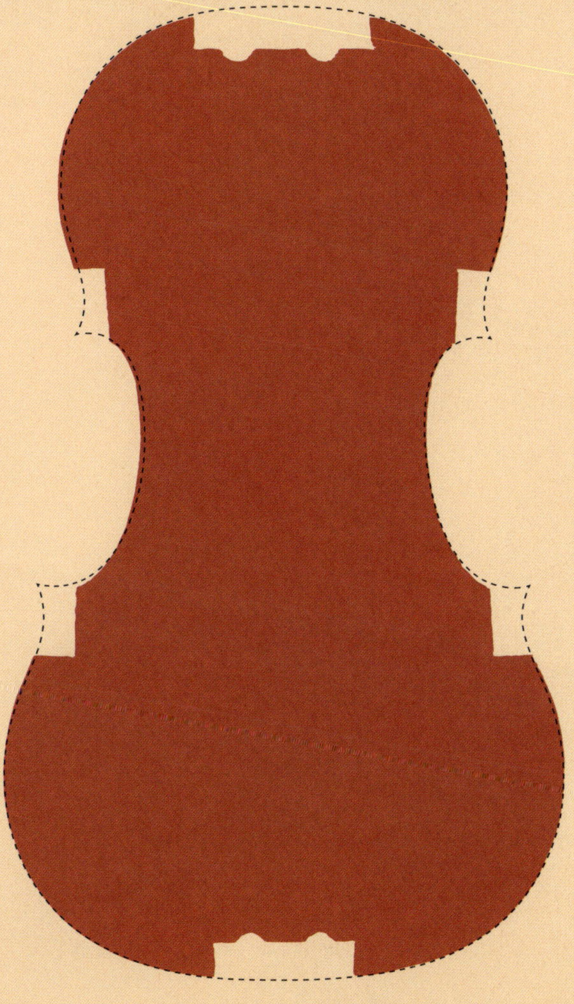

*Superposition du contour du violon (intérieur des filets du dos) et de la forme du moule, tous les deux marqués « PG » par le comte Cozio.*

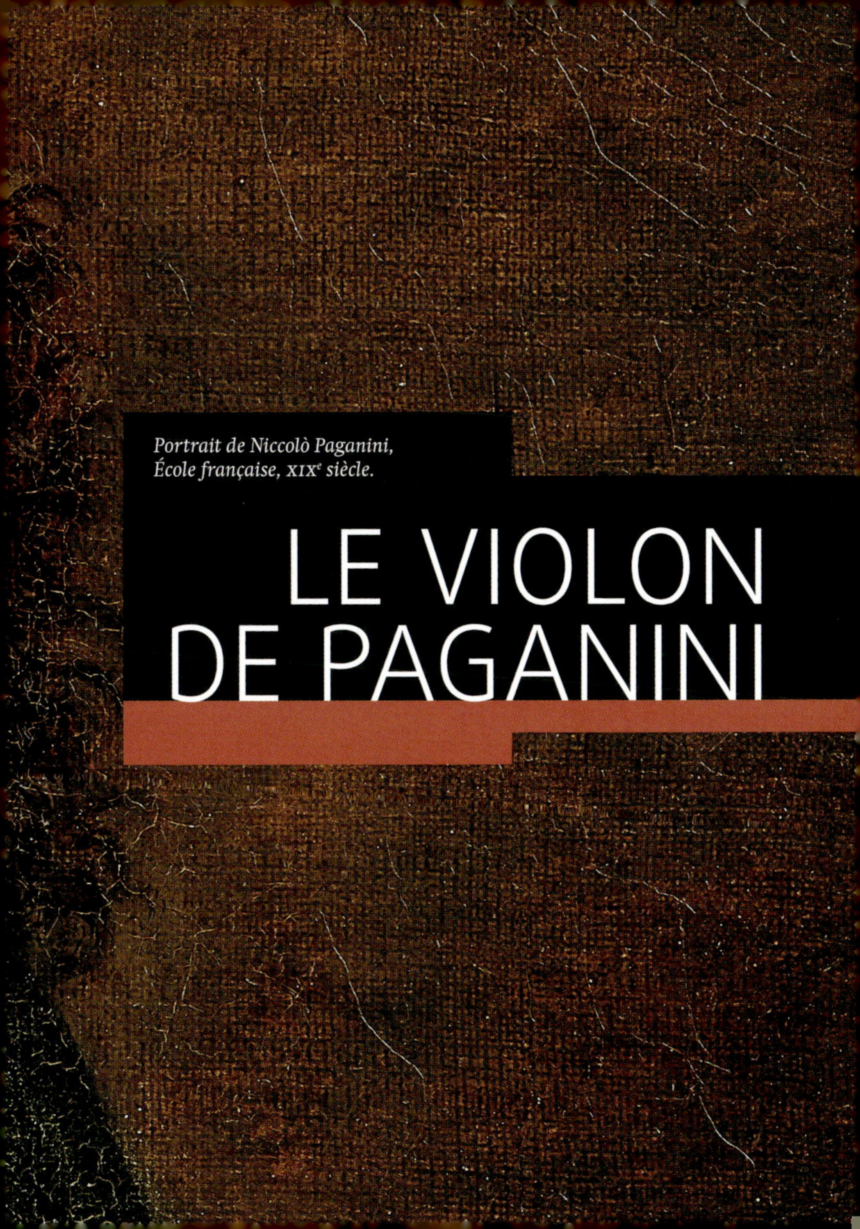

*Portrait de Niccolò Paganini, École française, XIX^e^ siècle.*

# LE VIOLON DE PAGANINI

*Jean-Pierre Dantan*, Portrait-charge de Niccolò Paganini, *Paris, 1832.*

# « Vendu par le sieur Carlo Carli au célèbre musicien génois Paganini pour cent louis mais en enlever cinq de rabais. »

Au printemps 1817, ayant appris la mort de son père survenue à Gênes le 1er avril, le violoniste Niccolò Paganini est en route vers sa ville natale depuis Venise où il a séjourné quelques mois. Il s'arrête à Milan et dépose chez l'éditeur Giovanni Ricordi les manuscrits de ses fameux *24 Caprices pour violon seul*, qui seront publiés en 1820. C'est probablement lors de ce passage à Milan qu'il rend visite à Carlo Carli, banquier milanais à qui le comte Cozio a confié la vente de plusieurs instruments. Il découvre la collection du comte et envisage alors d'acquérir un stradivarius. Or le prix demandé lui semble excessif et il réclame un rabais. De retour à Gênes, ayant visiblement obtenu satisfaction, il adresse le 21 juin à Carli une lettre pour conclure l'affaire, ajoutant : « Je voudrais le prier de me laisser recevoir ce violon à la première occasion prudente. Cette impatience est presque une frénésie dans mon caractère. » Trois précieuses indications, ajoutées par Cozio lui-même en marge de ses propres descriptions de son stradivarius de 1724, indiquent que c'est bien celui-ci qu'acquiert Paganini : « Vendu par le sieur Carlo Carli au célèbre musicien génois Paganini pour cent louis mais en enlever cinq [louis] de rabais » (rajout au descriptif de 1774-1775) ; « 1817 juillet, vendu à Monsieur le Professeur Niccolò Paganini de Gênes, via Monsieur Carlo Carli de Milan » (rajout au descriptif de 1801, p. 53) ; « J'ai vendu ce violon à Monsieur le Professeur Paganino » (rajout au descriptif de 1816).



Que Paganini ait possédé ce violon apporte un nouvel éclairage sur l'instrument et sur une facette peu connue du virtuose génois, celle d'un fin connaisseur en matière de lutherie, à la fois collectionneur et marchand.

Niccolò Paganini est sans doute le plus célèbre des violonistes de tous les temps. Né en 1782, il montre très jeune des dispositions pour le violon. Après ses premières prestations publiques dans sa ville natale, il quitte Gênes pour Parme vers treize ans, où il reçoit les enseignements de Gasparo Ghiretti et Ferdinando Paër. Plus tard, il occupe durant quatre ans un poste de premier violon à l'orchestre de Lucques, avant de devenir définitivement violoniste « de concert », à partir de 1810. Son succès puis sa célébrité ne font dès lors que croître. Le virtuose n'est toutefois pas connu aujourd'hui pour avoir joué un stradivarius, mais un « del Gesù », seul instrument avec lequel il se produisait.

## Le Cannone, la puissance du virtuose

S'il n'y avait qu'un instrument associé à Paganini, ce serait le fameux Cannone, le « canon » en italien, surnommé par Paganini lui-même en écho à la puissance sonore de ce violon de Bartolomeo Giuseppe Guarneri « del Gesù » de 1743. On rapporte que Paganini se serait vu offrir ce splendide instrument par un négociant français du nom de Livron, violoniste amateur et mélomane, établi à Livourne. Vers 1803, Livron aurait prêté son « del Gesù » à Paganini pour un récital, mais aurait par la suite refusé de le récupérer : « Je me garderai bien de profaner des cordes que vos doigts ont touchées ; c'est à vous maintenant que mon violon appartient. »



Cette histoire, relatée par le musicologue François-Joseph Fétis — qui connut Paganini autour de 1830 —, n'est peut-être pas véridique. La légende très rapidement construite autour de la figure du virtuose s'est en effet enrichie de nombreuses anecdotes relatant de tels cadeaux d'instruments prestigieux au violoniste. À titre d'exemple, vers 1812 (bien que Fétis date cet épisode huit ans plus tôt), à Parme, un peintre du nom de Pasini aurait défié Paganini avec le manuscrit d'un concerto « où tous les genres de difficultés avaient été rassemblés », en lui confiant un stradivarius : « Cet instrument est à vous, si vous pouvez jouer cela en maître à première vue. — S'il en est ainsi, vous pouvez lui faire vos adieux », aurait rétorqué Paganini.

Que ces anecdotes soient exactes ou qu'elles aient été enjolivées, voire inventées de toutes pièces, Paganini a possédé plusieurs instruments au cours de sa vie. Et la plus ancienne acquisition onéreuse qu'on lui connaisse se révèle être celle du stradivarius du comte Cozio. Fin décembre 1818, il mentionne dans une lettre qu'il écrit de Rome à Annibale Milzetti : « Si jamais il avait voulu mon violon stradivarius qui est à Gênes, dites que j'en ai refusé cinq cents louis d'or. » Dix ans se passent ensuite sans mention du stradivarius. Début mars 1828, alors qu'il s'apprête à quitter pour la première fois l'Italie à destination de Vienne muni de son Cannone, Paganini se tourne vers Carlo Carli, le banquier milanais de confiance, afin de confier à la garde de celui-ci ses autres instruments (voir lettre ci-contre).

Cette lettre, datée du 4 mars 1828, est impressionnante par la qualité des instruments qu'elle énumère, mais n'est pas surprenante

74

Preg.mo Cavaliere Paganini

Milano 4 Marzo 1828

Nell'augurarle ogni prosperità per il di lei prossimo viaggio per Vienna la prevengo di ritenere in deposito i seguenti effetti di mia ragione.

Un Violino di Antonio Stradivario di forma grande, vernice gialla col biglietto del 1724.

Un Violino con vernice rossa col biglietto di Giuseppe Guarnerio del 1734. con arco in una Cassa da due.

Un Violino di Andrea Guarnerio col biglietto del 1675. in una Cassa da uno quadrata dipinta in verde, con arco.

Una Viola di Antonio e Girolamo Amati col biglietto del 1612. in Cassa da uno coperta di bulgaro.

Un Violino piccolo senza biglietto con arco, borsa, e Cassa di legno in bianco.

Una Chitarra di Napoli con Cassa di legno.

Un Violoncello con vernice rossa col biglietto di Antonio Stradivario del 1728. in Cassa usata.

Rinnovandole le proteste della mia affezione, e della cordiale mia servitù Sono

L'Aff.mo Suo
Carlo Carli

*Carlo Carli, lettre à Paganini, Milan, 4 mars 1828.*

*Jean-Auguste-Dominique Ingres*, Portrait de Paganini, *Rome, 1819.*
*Le violon représenté est très certainement le Cannone*

de la part d'un virtuose éclairé dont la carrière est déjà fort avancée et qui a atteint la quarantaine. Elle mentionne en effet un violon et un violoncelle de Stradivari, deux violons de la famille Guarneri — un « del Gesù », distinct du Cannone (pas le même millésime), et un Andrea Guarneri, le père de « del Gesù » — et un alto des frères Amati, réputés pour la qualité de leurs grands altos ténors. Surtout, on reconnaît en tête de liste, dans ce « violon d'Antonio Stradivari grand modèle, au vernis jaune avec une étiquette de 1724 », le violon qu'il acheta onze ans plus tôt à Cozio.

La tournée, initiée à Vienne, se prolongea presque indéfiniment dans toute l'Europe,



## Le phénomène Paganini

Paganini était applaudi pour ses *Caprices* virtuoses, pour ses pièces écrites pour la seule corde de *sol* (la plus grave sur un violon), comme pour ses imitations au violon de cris d'animaux. Ses longs doigts, à l'extensibilité exceptionnelle, lui permettaient d'atteindre des intervalles de trois octaves, reculant ainsi les limites physiques du jeu. Sur scène, son vertigineux tourbillon de notes et d'effets faisait sensation. Les traits techniques les plus marquants chez Paganini — jeu en harmoniques, *pizzicato* de la main gauche combiné aux notes jouées à l'archet — ne sont toutefois pas de son invention.

au gré des nouveaux engagements et de la renommée grandissante du virtuose. Paganini ne revint dans son pays qu'en 1834. Durant six ans au moins, le stradivarius et la collection du virtuose demeurèrent donc dans les coffres du banquier milanais.

L'intérêt du virtuose s'étend bien au-delà du seul violon : il se passionne pour les altos, les violoncelles et les guitares, les innovations en lutherie et l'histoire de cet artisanat. Avec Pierre-Marie Baillot, qui écrivait en 1817 une épître à son « cher Crémone », Paganini est l'un des plus anciens violonistes pour lequel nous connaissons, grâce à sa correspondance, ses goûts, ses impressions, ses observations techniques ou son expérience émotionnelle sur tel ou tel instrument.



Dès juin 1823, il fait expertiser par un « connaisseur », un certain Zanaboni, un violoncelle en sa possession, ainsi que les instruments de son ami Germi. En 1828, sa collection comportait déjà des altos, un violoncelle et une guitare. Ses rencontres avec Hector Berlioz et Jean-Baptiste Vuillaume, le célèbre luthier parisien, illustrent la variété de ses centres d'intérêt, parmi lesquels un appétit pour jouer différents instruments à cordes et une curiosité pour les aspects techniques du fonctionnement même des instruments. Le luthier lui prêta une guitare (signée Grobert à Paris, aujourd'hui dans la collection du Musée de la musique), probablement en 1832 durant le second séjour

*Portrait de Niccolò Paganini, École française,* XIX^e^ *siècle.*

FONDÉ EN 1826 PAR ÉMILE DE GIRARDIN. LE NUMÉRO : 10 CENTIMES. N° 1735. 2 Octobre 1890.

# LE VOLEUR ILLUSTRÉ

## REVUE POUR TOUS

PRIX D'ABONNEMENT
Par mandat-poste, ou mandat à vue sur Paris

PARIS . . . Un an. 6 fr. Six mois. 3 50
SEINE . . . Un an. 7 » Six mois. 4 »
PROVINCE . Un an. 8 » Six mois. 4 50
ÉTRANGER. Un an. 9 » Six mois. 5 »
UN NUMÉRO AFFRANCHI 15 CENTIMES

*Au peu d'esprit que le bonhomme avait,*
*L'esprit d'autrui par complément servait.*
*Il compilait, compilait, compilait.*

Rédaction, Administration, 24, rue Chauchat. → PARIS ← René MOROT, Directeur.

PAGANINI EN PRISON (Tableau de M. Bœtzelberger).

## PAGANINI

On sait quel merveilleux virtuose fut le violoniste Paganini. Il poussait si loin la souplesse de son doigté que ses contemporains l'accusèrent de n'être que le diable en personne, ou tout au moins son cousin.

Ce qu'on sait moins, c'est quel original fut ce grand artiste. En 1803, âgé de vingt ans et déjà célèbre, Paganini disparut un beau jour. Dix ans après, il reparaissait, refusant obstinément de dire où il avait passé ces dix années. Le bruit se répandit qu'ayant assassiné une de ses maîtresses, — il menait une vie fort dissolue, — on l'avait mis en prison. Paganini nia toujours le fait, mais ce n'en est pas moins de là qu'est née la fameuse légende de Paganini, emprisonné, à qui son geôlier, par pitié, avait laissé son violon, mais en lui enlevant les trois plus grosses cordes pour qu'il ne se pendît point. Paganini, réduit pendant plusieurs années à la seule *chanterelle*, aurait acquis sur cette unique corde une virtuosité étonnante.

La vérité est que Paganini fut un tempérament unique, presque surhumain, et l'on comprend sans peine que ses contemporains, stupéfiés par son talent surnaturel et son aspect diabolique, l'aient accusé d'être au mieux avec le diable. M. C.

**Dans son prochain numéro, le VOLEUR ILLUSTRÉ commence la publication de SUZANNE NORMIS « Le Roman d'un père » une des œuvres les plus dramatiques de HENRY GRÉVILLE.**

du violoniste à Paris. Paganini la signa sur la table avant de la rendre à Vuillaume, qui par la suite l'offrit à Berlioz.

Son attachement aux instruments était connu de ses amis. Paganini hérita ainsi au décès d'Annibale Milzetti, fin 1833 ou début 1834, d'un violoncelle d'Andrea Guarneri. Loin de son pays d'origine, il le fit envoyer à Carlo Carli, et ce violoncelle rejoignit à Milan l'ensemble des instruments déposés six ans plus tôt.

Éprouvé, malade, Paganini se produit bien plus rarement en concert à partir de fin 1834. Entre début 1835 et sa mort, on ne compte que dix concerts, le dernier étant donné à Turin le 16 septembre 1837. Il s'établit ensuite dans le



## Paganini, personnage sulfureux

De son vivant, Paganini fit couler beaucoup d'encre autour de ses prestations musicales et de ses extravagances, comme l'illustrent nombre d'articles de presse. Depuis sa mort, hyperboles et exagérations diverses ont essaimé dans la plupart des biographies et essais paganiniesques, si bien que le nom « Paganini » est aujourd'hui synonyme de virtuosité extrême, mais aussi d'un talent quasiment diabolique, démoniaque, voire de vie dissolue et d'immoralité.

*Illustration de couverture du journal* Le Voleur illustré, *Paris, 2 octobre 1890.*

sud de la France, à Marseille puis à Nice. Dans les dernières années de sa vie, occupé par les tentatives de différents traitements médicaux, visant à le guérir ou du moins à le soulager, et accaparé par diverses affaires juridico-financières, dont celle du Casino Paganini à Paris, il semble trouver dans l'achat et le commerce d'instruments anciens une activité épanouissante. S'il souhaite réaliser des bénéfices, il s'inquiète de ce que les prix ne soient pas altérés par sa propre réputation (de fortune et de célébrité), ainsi qu'il l'exprime à Vincenzo Merighi, dans une lettre adressée à ce professeur du Conservatoire de Milan, à qui il vient d'acheter un violoncelle de Stradivari et deux violons : « Donc, essayez de m'avoir les plus beaux violoncelles, altos, violons de Stradivarius et de Guarnerius, car j'aimerais beaucoup réussir en tant que marchand d'instruments à cordes. Mais n'en dites rien à personne car, si l'on savait que c'est Paganini qui désire acheter, on ferait monter les prix » (Marseille, 20 mars 1839).

**PAGANINI A CERTAINEMENT RECONNU DANS CE STRADIVARIUS UN INSTRUMENT À L'EXPRESSIVITÉ SONORE EXCEPTIONNELLE.**

On retrouve dans cette lettre le talent d'expert de Paganini, sa connaissance technique des instruments anciens, de leurs qualités et de leurs défauts respectifs. Jusqu'à sa mort qui surviendra un an plus tard, le 27 mai 1840, il rédigera de nombreux courriers destinés à des vendeurs potentiels ainsi qu'à son ami Germi, au sujet de ses propres instruments. Il est difficile d'évaluer précisément l'état de sa collection à sa mort, et les ouvrages le mentionnant sont discordants. On peut seulement estimer que Paganini possédait alors une vingtaine d'instruments, principalement des grands luthiers crémonais des XVII^e^ et XVIII^e^ siècles. Parmi les nombreux stradivarius, il faut citer le stradivarius de 1724, qu'il avait acheté vingt-trois ans plus tôt au comte Cozio, et dont on peut encore aujourd'hui se demander s'il l'a fréquemment joué.

Cozio avait décrit ce violon comme étant « *fortissimo di voce, e quasi tenore* » (très puissant de voix, presque comme un alto). Paganini, sensible à la puissance sonore des instruments comme aux spécificités de l'alto, a certainement reconnu dans ce stradivarius un instrument à l'expressivité sonore exceptionnelle. Il le conserva toute sa vie, et son fils Achille en hérita.

SILK GOODS.
SILKS.
INDIA.
INDIA.
INDIA.

# UN VIOLON CHEZ VUILLAUME

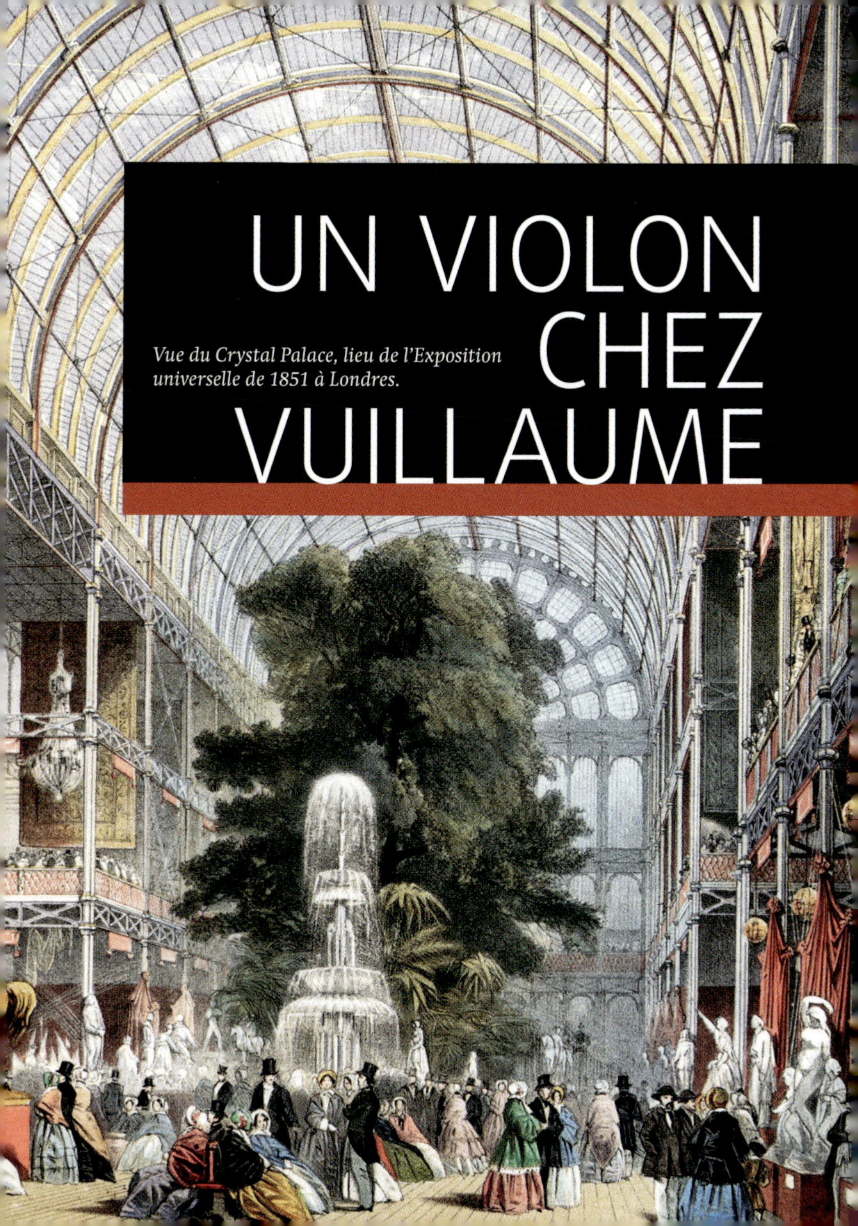

*Vue du Crystal Palace, lieu de l'Exposition universelle de 1851 à Londres.*

« Remis la cassure à la table du violon jaune, l'avoir rebarrée, allongé et élevé le manche, mis une touche, refait la poignée. »

Il subsiste une zone d'ombre dans les pérégrinations de ce stradivarius, sur laquelle les sources historiques ne nous permettent pas de lever le voile. Qu'advient-il après juillet 1840, lorsque Achille Paganini hérite de son père ? Faute de document historique qui puisse éclairer la suite de son histoire, il nous faut tenter de reconstituer l'itinéraire probable du violon durant cette période.

Achille Paganini a quinze ans lorsque son père meurt en 1840. Fils unique du virtuose, il put vivre de la fortune considérable constituée par celui-ci. Il vendit pièce à pièce les autographes, et renonça également à la collection d'instruments rassemblée par son père,

*Jean-Baptiste Vuillaume et son gendre Delphin Alard, Paris, c. 1865.*

n'étant lui-même ni violoniste, ni collectionneur d'instruments.

On recense aujourd'hui pas moins de dix-huit instruments, dont neuf de Stradivari, surnommés « Paganini » ou décrits comme issus de sa collection. L'examen attentif des documents établissant la provenance de certains d'entre eux ne permet cependant pas de remonter leur filiation historique avant les années 1870,

## Jean-Baptiste Vuillaume

Luthier renommé (1798-1875) — le plus important en France au XIXe siècle avec Nicolas Lupot —, habile restaurateur, Vuillaume est doté d'un remarquable sens de l'entreprise et du commerce des instruments anciens. Inventeur de nombreux instruments tels que l'octobasse, le contralto, mais aussi les archets en acier creux ou à mèches interchangeables, il est également l'auteur en 1856 du premier essai biographique sur Stradivari.



et leur appartenance à la collection Paganini relève d'une simple hypothèse, voire d'une spéculation. Seuls quelques précieux manuscrits apportent un éclairage sur quatre des instruments : deux violons, un alto et un violoncelle, tous de Stradivari, dont la vente est l'objet principal d'une série de lettres adressées par

Jean-Baptiste Vuillaume (1798-1875) à Achille Paganini, entre le 12 décembre 1846 et le 10 septembre 1851.

Ces précieuses lettres ont été publiées en 1994 par le luthier Claude Lebet. Parmi elles, seule la première décrit sommairement les instruments. Jean-Baptiste Vuillaume y joint notamment un mémoire des frais de réparations des violons, restaurations nécessaires afin qu'ils soient vendus dans les meilleures conditions : « Fait revenir la voûte de la table du violon rouge, l'avoir rebarrée, mis une enture, touche, chevilles, chevalet & monture 30.- / Remis la cassure à la table du violon jaune, l'avoir rebarrée, allongé et élevé le manche, mis une touche, refait la poignée, fourni chevilles, queue [c'est-à-dire le cordier], chevalet & monture 20.- » (lettre à Achille Paganini, 12 décembre 1846).



Le millésime des instruments n'est pas indiqué, seule la couleur des deux violons est mentionnée. Simpliste du point de vue d'un luthier du niveau de Vuillaume, cette description était certainement destinée à Achille, qui n'était pas spécialiste de lutherie ancienne et ne connaissait peut-être même pas le millésime des instruments qu'il cherchait à revendre.

Le luthier Emil Herrmann avait proposé de reconnaître dans le « violon rouge » le stradivarius de 1727 (étiquette 1724, voir l'enquête pages 59-65), et dans le « violon jaune », le stradivarius Desaint de 1680. Les documents les plus anciens sur ces violons remontent à 1893 pour le premier et 1872 pour le second. Il n'est certes pas impossible que ces deux violons aient fait partie de la collection de Paganini : celui-ci possédait sept ou huit violons de Stradivari à sa mort, dont un de 1680 et deux de 1724. Mais pourquoi ne pas envisager une autre hypothèse, à savoir que le « violon jaune » décrit ici par Vuillaume soit en réalité le stradivarius vendu par Cozio à Paganini ?

Ce violon conserve en effet son manche d'origine, qui a été recalé plusieurs fois au cours des derniers siècles. En 1846, Vuillaume est probablement déjà sensible à la conservation des pièces originales d'Antonio Stradivari, et il a à cœur de les préserver, tant que cela n'affecte pas la jouabilité de l'instrument qu'il répare. Le mémoire qu'il adresse à Achille Paganini indique qu'il n'a pas traité les deux violons avec le même niveau d'intervention : alors qu'il remplace complètement le manche du « violon rouge » en pratiquant une enture, il ne fait que recaler le manche du « violon jaune » pour changer sa position et retailler le profil de celui-ci (« refait la poignée ») une fois la nouvelle touche posée, afin d'optimiser le confort de jeu du pouce et de la main gauche du violoniste. Il est donc probable que ce « violon jaune » possède encore son manche d'origine en 1846, et que Vuillaume n'a pas voulu dénaturer par une enture un tel bloc manche-tête original.



Revenons un instant sur la dénomination de cet instrument : « violon jaune ». Bien sûr, le vernis du Desaint de 1680, comme la plupart des instruments de cette période chez Stradivari, n'est pas pigmenté et présente donc une apparence assez claire, dorée comme du miel. Mais cette dénomination ne résonne-t-elle pas, n'évoque-t-elle pas fortement les descriptions du stradivarius de 1724 entre les mains du comte Cozio (« *la vernice più gialla di tutti* », « *vernice rosso chiara tirante nel giallino* ») puis celle de Paganini (« *vernice gialla* »)?

Ce stradivarius, par l'apparence spécifique de son vernis et par son manche d'origine, pourrait donc sensiblement donner corps à ce « violon jaune » réparé par Vuillaume en 1846. En suivant cette conjecture, ce violon faisait partie des quatre stradivarius confiés par Achille Paganini à Vuillaume le 10 novembre 1846, afin que le luthier trouve un acheteur au quatuor. Celui-ci aurait réparé le violon dans le mois qui suit. Ne réussissant pas à les vendre, même lors de leur présentation à l'Exposition de Londres de 1851, il propose à Achille Paganini de les céder séparément, et ils s'entendent le 1er septembre 1851 sur des prix revoyant à la baisse les espérances du fils Paganini en la matière. Achille laisse alors les instruments en dépôt à Vuillaume.

**POURQUOI NE PAS ENVISAGER QUE LE « VIOLON JAUNE » DÉCRIT PAR VUILLAUME SOIT LE STRADIVARIUS VENDU PAR COZIO À PAGANINI ?**

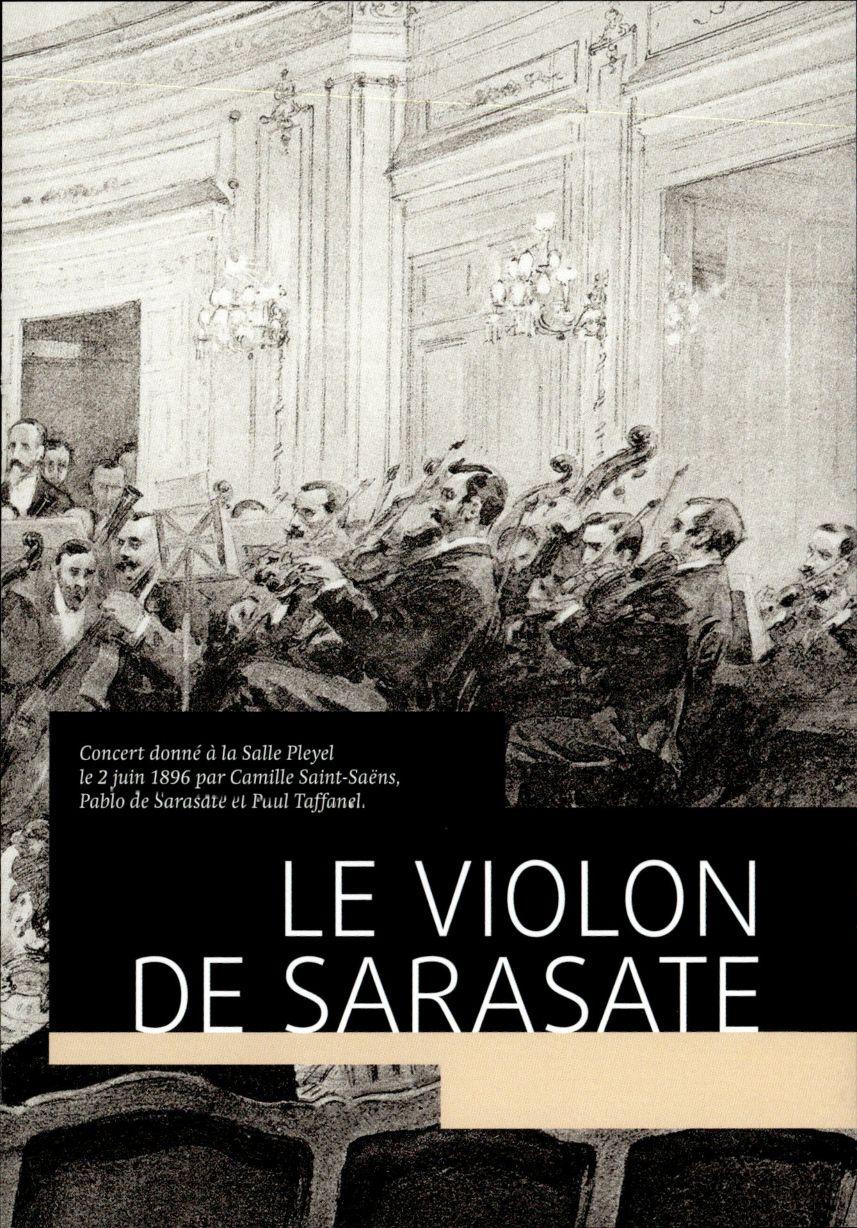

*Concert donné à la Salle Pleyel le 2 juin 1896 par Camille Saint-Saëns, Pablo de Sarasate et Paul Taffanel.*

# LE VIOLON DE SARASATE

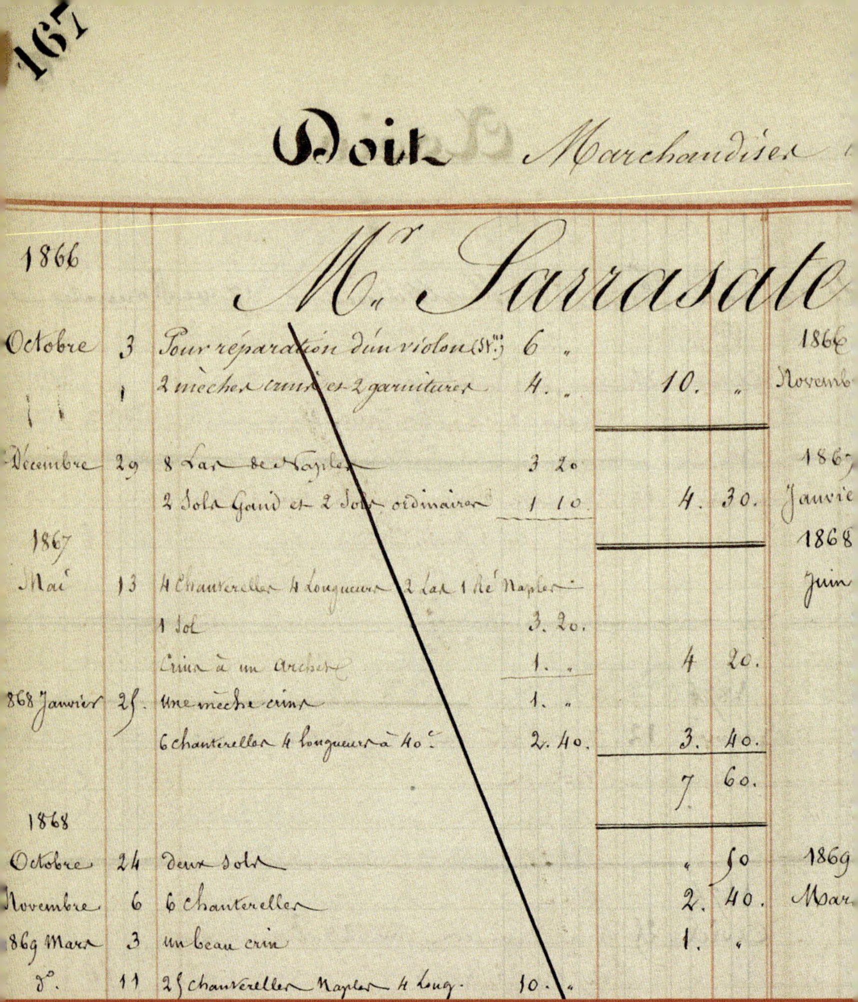

167

Doit Marchandises

Mr Sarasate

| | | | | | |
|---|---|---|---|---|---|
| 1866 | | | | | |
| Octobre | 3 | Pour réparation d'un violon (St.) | 6 " | | 1866 |
| | 1 | 2 mèches crins et 2 garnitures | 4. " | 10. " | Novemb |
| Décembre | 29 | 8 La de Naples | 3 20 | | 1867 |
| | | 2 Sols Gand et 2 Sols ordinaires | 1 10. | 4. 30. | Janvie |
| 1867 | | | | | 1868 |
| Mai | 13 | 4 Chanterelles 4 longueurs 2 La 1 Ré Naples | | | Juin |
| | | 1 Sol | 3. 20. | | |
| | | Crins à un archet | 1. " | 4 20. | |
| 1868 Janvier | 25. | Une mèche crins | 1. " | | |
| | | 6 chanterelles 4 longueurs à 40c | 2. 40. | 3. 40. | |
| | | | | 7 60. | |
| 1868 | | | | | |
| Octobre | 24 | Deux sols | | . 50 | 1869 |
| Novembre | 6 | 6 Chanterelles | | 2. 40. | Mar |
| 1869 Mars | 3 | un beau crin | | 1. " | |
| d° | 11 | 25 chanterelles Naples 4 long. | 10. " | | |

*Première mention du stradivarius appartenant à Sarasate dans les registres de compte des luthiers Gand & Bernardel frères.*

« Le stradivarius de Sarasate subjugue tous les auditeurs par sa sonorité. L'instrument et l'artiste semblent ne faire qu'un. »

En 1909, le stradivarius entre dans la collection du Musée de la musique, alors dénommé Musée du Conservatoire. Depuis lors, ce violon porte le nom de Sarasate… comme une rue du 15e arrondissement de Paris, rendue célèbre en France par Charles Aznavour dès les premiers vers de la chanson « Comme ils disent ». Peu nombreux probablement sont ceux qui savent que la rue et le violon sont nommés ainsi en mémoire de Pablo de Sarasate (1844-1908), violoniste et compositeur d'origine basque espagnole, un des grands virtuoses du violon de son temps. Il composa une cinquantaine d'œuvres, dont la plus connue est peut-être *Zigeunerweisen*, les *Airs bohémiens* (op. 20) pour violon et orchestre. Il fut également le dédicataire de la *Symphonie espagnole* d'Édouard Lalo et de pièces de Camille Saint-Saëns, Max Bruch et Henryk Wieniawski.

Martín Melitón, dit Pablo, de Sarasate y Navascués naît à Pampelune le 10 mai 1844. Son père, musicien dans l'armée, décèle très rapidement ses dispositions au violon. À la suite d'une première apparition publique avec l'orchestre du théâtre de La Corogne, vers l'âge de dix ans, il obtient un soutien financier pour étudier le violon à Madrid, auprès de Manuel Rodríguez Sácz. Son talent précoce le rend alors célèbre, et il est invité à jouer devant la reine Isabelle II au Palais Royal. Conquise, celle-ci lui accorde



## Sarasate, violoniste précoce

Alors qu'il a moins de douze ans, le jeune Sarasate émerveille de son jeu la reine d'Espagne, Isabelle II. Dès sa première année au Conservatoire de Paris, il remporte les premiers prix de solfège et de violon. Deux ans plus tard, à l'été 1859, il reçoit également le premier prix d'harmonie. Il a alors tout juste quinze ans.

une rente annuelle afin qu'il puisse recevoir le meilleur enseignement et se perfectionner. Accompagné de sa mère, il part pour Paris en juillet 1856, mais celle-ci décède à Bayonne du choléra durant le voyage. Avec l'aide de Delphin Alard, violoniste originaire de Bayonne

*Atelier Nadar*, Portrait de Pablo de Sarasate.

et professeur au Conservatoire de Paris, qui le prend comme élève, il est recueilli à Paris par Théodore Lassabathie, l'administrateur du Conservatoire. Alard considère qu'il n'a rien à apprendre à son jeune élève. Celui-ci fait des débuts remarqués devant le public parisien le 5 janvier 1857, salle Herz, lors d'un concert de la Société des jeunes artistes du Conservatoire : « Un jeune violoniste espagnol, âgé de douze ans au plus, qui suit au Conservatoire la classe d'Alard, est venu jouer une ravissante fantaisie de son maître sur le thème de Beethoven, *le Désir*. Cet enfant, nommé Sarasate, joue du violon comme s'il eût appris avant de naître, et il possède toutes les qualités d'un artiste consommé. L'auditoire a rappelé à grands cris l'élève et le maître. »



En remportant son premier prix de violon, il se voit offrir comme il était d'usage un violon de la maison Gand frères, les luthiers du Conservatoire. Ce violon, le numéro 270 de la production de l'atelier, fait mention, en lettres d'or peintes sur les éclisses, du récipiendaire du prix. On retrouve Sarasate comme client de cette maison dès 1859. Il s'y fournit en cordes et y fait remécher et regarnir régulièrement des archets. Le 3 octobre 1866, il fait intervenir les frères Gand « pour réparation d'un violon ($St^{us}$) ». C'est la plus ancienne mention du stradivarius en possession du violoniste espagnol. Cette indication, inscrite par les luthiers dans leur registre de compte de clients, évoque en outre qu'il s'agit probablement de la première fois que Pablo de Sarasate leur présente cet instrument, alors qu'il est leur client depuis sept ans déjà.

Confiait-il ce stradivarius auparavant à un autre luthier ? Ou bien venait-il d'acquérir cet instrument ? On lit dans certains ouvrages que Sarasate se le serait vu offrir, enfant, par la reine Isabelle d'Espagne, en même temps que la rente qui rend possible la venue à Paris du précoce violoniste en 1856. Cependant, cette version ne s'appuie sur aucun document historique qui suggérerait un rapprochement entre Achille Paganini et la reine d'Espagne, même par l'entremise d'un luthier. Vuillaume a-t-il vendu le « violon jaune » de Paganini à la reine d'Espagne entre 1851 et 1856 ? Cette « version espagnole » est à rapprocher des anecdotes fictives, contribuant à enjoliver le parcours du jeune virtuose, que nous avons déjà rencontrées avec Niccolò Paganini. Elle est en effet formellement démentie par voie de presse par le pianiste Otto Goldschmidt, qui fut pendant plus de trente ans l'agent et le secrétaire de Sarasate, puis son exécuteur testamentaire : « [...] le Stradivarius de 1724, sur lequel Sarasate jouait toujours en public, et qui n'appartenait pas à la couronne d'Espagne et n'avait pas davantage été donné

« CET ENFANT, NOMMÉ SARASATE, JOUE DU VIOLON COMME S'IL EÛT APPRIS AVANT DE NAÎTRE, ET IL POSSÈDE TOUTES LES QUALITÉS D'UN ARTISTE CONSOMMÉ. »

à l'artiste par la reine Isabelle, a été légué au musée du Conservatoire de Paris » (*Le Ménestrel*, 31 octobre 1908).

On ne sait pas avec certitude à quel luthier parisien Sarasate s'adresse dans ses toutes premières années à Paris, entre 1856 et 1859, mais cela pourrait être Jean-Baptiste Vuillaume, le beau-père de Delphin Alard. Il serait donc naturel qu'Alard ait guidé le jeune homme vers

## Une stature internationale



La première tournée de Sarasate, en Espagne à l'automne 1860, marque le début de sa carrière de soliste international. Dès lors, il est de plus en plus demandé, en France comme à l'étranger. Lorsqu'il s'arrête à Paris, il peut se produire dans un concert de bienfaisance à Maisons-Laffitte, devant Napoléon III aux Tuileries et face au public plus restreint des salons parisiens — il participe notamment aux séances des jeudis de Pauline Viardot —, et continue de recevoir chez lui ses amis musiciens, pour pratiquer de la musique de chambre, les quatuors de Beethoven, Mozart et Schumann.

Vuillaume, l'un des plus grands luthiers de son temps. Sarasate possède d'ailleurs un violon de ce luthier, daté de 1842, qu'il acquiert en 1869

*Annonce des concerts de Sarasate à Londres en 1888.*

ST. JAMES'S HALL.

# Sarasate Concerts.

SEASON 1888.

SATURDAY AFTERNOON, MAY 5TH.
SATURDAY ,, ,, 19TH.
SATURDAY ,, ,, 26TH.
SATURDAY ,, JUNE 2ND.

COMMENCING AT 3 O'CLOCK.

## Full Orchestra.

**Conductor - - Mr. W. G. CUSINS.**

Sofa Stalls, 10/6; Area Stalls, 5/-; Balcony (Unreserved) 3/-; Area (Unreserved 2/-).

ADMISSION, ONE SHILLING.

Tickets to be obtained at Chappell & Co's, 50, New Bond Street, and 15, Poultry; Mitchell's, 33, Old Bond Street; Ollivier's, 38, Old Bond Street; Stanley Lucas, Weber & Co.'s, 84, New Bond Street; Keith, Prowse, & Co.'s, 48, Cheapside, E.C.; Hays's, Royal Exchange Buildings, and 26, Old Bond Street; Bubb's, 167, New Bond Street; Lacon & Olliers, 168, New Bond Street; Edmund Dowling, 140, New Bond St.; and at Austin's Ticket Office, 28, Piccadilly.

N. VERT, 6, Cork Street, Burlington Gardens, W.

Ape

au plus tard. Il est donc très probable que c'est à Vuillaume que Sarasate ait acheté le stradivarius, que ce soit — comme on le lit parfois — en 1864 ou 1866, pour cinq ou six mille francs.

Son stradivarius est donc de toutes les créations d'œuvres majeures de son répertoire, de toutes les rencontres et collaborations musicales qu'il provoque (avec Saint-Saëns, Liszt, Rubinstein, Gounod, Meyerbeer, etc.), comme de tous les concerts et de toutes les tournées à l'étranger. En 1870, Sarasate part pour une tournée exceptionnelle de deux ans en Amérique. Il se produit non seulement aux États-Unis, où il donne notamment la création américaine du *Premier Concerto pour violon* (op. 26) de Max Bruch à New York, mais aussi au Canada, sans oublier l'Amérique du Sud, où il rencontre le succès de Caracas à Valparaíso. Il rentre de cette longue tournée via l'Espagne au printemps 1872. Ces engagements incessants sont au moins aussi éprouvants pour le violon que pour le violoniste : de retour, Sarasate rend visite à ses luthiers attitrés, l'atelier Gand & Bernardel frères, pour faire réparer ses instruments. Alors que la réparation du Vuillaume ne coûte qu'un franc de l'époque, celle du stradivarius s'élèvera à quinze fois plus, dénotant l'usage intensif qu'il en fit ! En tournée, Sarasate voyage également avec un second instrument, son Vuillaume qui lui sert de « doublure ». Les deux violons, ainsi



*Carlo Pellegrini,* Pablo de Sarasate, *« L'homme du jour n° 426 »,* Vanity Fair, *25 mai 1889.*

que plusieurs archets (Sarasate en faisait une grande consommation, semble-t-il) sont rangés dans un étui double, que le violoniste a fait protéger d'une housse en cuir doublé en 1869. Les tournées se poursuivent dans toute l'Europe — jusqu'en Russie en 1879, une nouvelle fois en Espagne et au Portugal en 1880, en Italie deux ans plus tard — et de nouveau outre-Atlantique, où l'on entend le stradivarius vibrer sous l'archet du « Paganini espagnol » aux États-Unis et au Mexique de novembre 1889 à avril 1890.

## Les luthiers du virtuose



Entre octobre 1866 et juin 1908, on compte près de quatre-vingt-dix interventions de ces luthiers sur le stradivarius de Sarasate, un peu plus de deux par an en moyenne. À titre d'exemple, Sarasate leur fit réviser (« visiter » dans les termes d'époque) et monter avec une corde de *sol* filée argent son stradivarius cinq jours avant la création publique de la *Symphonie espagnole* de Lalo, le 7 février 1875 aux Concerts Pasdeloup, que le compositeur lui avait dédiée.

Sarasate restera fidèle à ces luthiers jusqu'à la fin de sa vie. C'est auprès d'eux qu'il achète, le 26 octobre 1888, un autre stradivarius, le Boissier de 1713. Ses nombreuses visites, attestées au jour près par les archives de l'atelier,

*Jean-Joseph Constant dit Benjamin-Constant,*
Portrait de Camille Saint-Saëns, *Paris, 1898.*

témoignent d'un aspect crucial de la vie d'un musicien professionnel, à savoir la fourniture des accessoires (cordes, mèches pour archet, colophane, sourdines), mais aussi l'entretien régulier, les réparations nécessaires des violons et archets employés quotidiennement.

Un témoignage précieux sur la sonorité de ce violon nous est fourni par les luthiers Hill après qu'ils ont entendu Sarasate le jouer. Leur grande connaissance des violons anciens leur fait apprécier les qualités sonores et musicales de l'instrument, en regard des nombreux autres Stradivari, Guarneri, Guadagnini, etc., qu'ils ont réparés et réglés pour parfaire leur fonctionnement et leur sonorité. « Señor Sarasate jouait toujours un violon [de Stradivarius] de l'année 1724. Malgré son apparence peu flatteuse, ce violon subjugue tous les auditeurs par sa sonorité. […] Le Stradivari de Sarasate, façonné en 1724, se distingue à la fois par son timbre et par son style, et tous ceux qui ont écouté ce charmant maître dans l'art d'obtenir un son à la fois pur et beau ont dû être frappés par la qualité à la fois éthérée et pétillante de son "Strad" — jamais sonore et pourtant toujours claire et définie, même quand des passages des plus extrêmes rapidité ou délicatesse lui sont imposés. L'instrument et l'artiste semblent ne faire qu'un » (Londres, 1902).

**SARASATE RESTERA FIDÈLE À SES LUTHIERS JUSQU'À LA FIN DE SA VIE.**



Portrait de Pablo de Sarasate, *1901.*

Il subsiste des enregistrements de Sarasate lui-même (voir page 120). C'est certainement sur le stradivarius, avec lequel il se produisait invariablement en public, qu'il enregistra ces pièces. Ces enregistrements, qui datent de 1904 (Sarasate était alors âgé de soixante ans), ne mettent peut-être plus autant en valeur le talent et l'interprétation qui avaient ébloui les mélomanes plusieurs décennies auparavant. Ils font toutefois partie des plus anciennes mémoires sonores et musicales du répertoire du violon, avec ceux de Joseph Joachim en 1903. Ainsi, ces émouvants témoignages conservent une mémoire quasi archéologique de l'interprétation du musicien et, dans une certaine mesure, du timbre de ce violon, il y a plus d'un siècle.

*Disque Gramophone de l'enregistrement des* Zigeunerweisen *par Pablo de Sarasate lui-même.*

CI-CONTRE

*Le violon Sarasate, Antonio Stradivari, Crémone, 1724.*

172 8

# LE SARASATE DU MUSÉE DE LA MUSIQUE

*Un luthier en train d'étudier le Sarasate au laboratoire du Musée de la musique, 2018.*

sité
pair avec le culte de l'artiste
omantique. Conjuguée à l'évolution
lle modifie les techniques de jeu.
au violon ; Liszt jette les bases du jeu
quel repose la technique moderne
que Thalberg et Chopin perfectionnent
tale.
nommés chiroplaste, dactylion,
, censés assouplir ou muscler la main
oient le jour. C'est à la suite de tels
Robert Schumann perdit l'usage d'un
t fin à sa carrière de pianiste.
61
Bâton de mesure de
Charles Lamoureux
Portrait-charge
de Franz Liszt
Portrait-charge
de Nicolò Paganini
Violon
« le Sarasate »

# Par ce legs au Musée, Sarasate transformait son violon en objet de mémoire.

« Je donne et lègue au Musée du Conservatoire de Musique de Paris, en mémoire de la première instruction musicale que j'y reçus et des premiers succès de ma carrière que j'y remportai, mon violon Stradivarius, portant le millésime de l'année 1724 et qui est celui dont je me suis toujours servi en public. Je recommande qu'il soit exposé dans une vitrine fermée avec mention de mon nom comme ancien lauréat du Conservatoire en 1857. » C'est ainsi que Pablo de Sarasate, qui mourut le 20 septembre 1908 à l'âge de soixante-quatre ans, exprime ses dernières volontés.

Par ce legs au Musée, Sarasate transformait son violon en objet de mémoire, en relique

*Vitrine « virtuosité », Musée de la musique, Paris, 2018.*

destinée à assurer matériellement sa propre postérité. Il ne pouvait imaginer alors que ce violon non seulement représenterait son exceptionnelle carrière et son hommage à la qualité de l'enseignement qu'il reçut enfant au Conservatoire de Paris, mais témoignerait aussi d'un parcours triséculaire, transmis d'abord au sein de la famille Stradivari, puis successivement dans les collections du comte Cozio et de Niccolò Paganini, deux figures incontournables et essentielles de l'histoire du violon et de son évolution au début du XIXe siècle.

*Plaque de présentation du Sarasate dans sa vitrine au Musée du Conservatoire, XXe siècle.*

Le nom de Sarasate connut un retentissement important bien après la mort du virtuose. Non seulement de nombreux violonistes ont continué et continuent à jouer ses compositions, au premier rang desquelles ses *Zigeunerweisen*, mais ce nom fut repris pour une série de modèles de violons fabriqués à Mirecourt, dans les Vosges, par la manufacture Thibouville-Lamy.

Le stradivarius des virtuoses, au-delà du formidable instrument de musique qu'il fut, est aujourd'hui un réceptacle, un support matériel qui concentre la mémoire de multiples événements et en révèle les traces. L'usure prononcée de la volute fait écho aux gestes de Pablo de Sarasate lorsqu'il accordait l'instrument, celles sur le bas de la table proviennent du jeu sans

## Les stradivarius légués au Musée

Les cinq violons d'Antonio Stradivari que compte la collection du Musée ont tous été légués par leurs propriétaires, entre 1887 et 1935. Parmi eux, deux instruments de 1708, celui du général Davidoff, d'origine française par sa mère, et celui de la violoniste Teresina Tua, en hommage à l'enseignement qu'elle reçut au Conservatoire. Un modèle « longuet » des années 1692-1694 fut légué par le marquis de Queux de Saint-Hilaire. Madame veuve de Provigny transmis un exceptionnel exemplaire de 1716, ayant appartenu à son père Louis Édouard Besson. Le Provigny intégra la collection au même moment que le Sarasate, et leurs numéros d'inventaire se suivent.



mentonnière qu'il affectionnait. Instrument favori du virtuose espagnol, il l'accompagna dans le monde entier, et il est certainement le seul violon de la collection à avoir charmé les mélomanes de France, d'Espagne, d'Italie, de toute l'Europe, des Îles Britanniques jusqu'à la Russie, et d'Amérique, du Canada jusqu'au Chili. Même Sherlock Holmes et le docteur Watson l'entendirent en 1891 au St. James's Hall, dans un répertoire allemand que chérissait le détective, ainsi que l'écrit Arthur Conan Doyle dans *The Red-Headed League* !

La marque PG, inscrite par le comte Cozio lui-même, perpétue le souvenir de l'objet d'étude que fut ce violon, déjà objet de référence — déjà patrimonialisé, donc —, tout juste cinquante ans après sa création. À peine joué alors, il portait en lui, dans ses matériaux et dans ses formes, le témoignage matériel des techniques de fabrication, et d'une certaine intention esthétique, visuelle et sonore d'Antonio Stradivari. Depuis, les multiples interventions qu'il a subies — notamment les remplacements de la barre d'harmonie par Vuillaume, puis par les ateliers Millant-Deroux et Vatelot, les recalages du manche par Guadagnini et Vuillaume, le bouchage de galeries de vers par Gand & Bernardel, etc. — ont permis à l'instrument de sonner encore jusqu'au XX^e^ siècle, au prix toutefois de la perte irréversible de traces du travail initial de création de ce violon par le plus célèbre des luthiers. Toutefois, les enregistrements historiques de Pablo de Sarasate peuvent nous faire voyager à travers l'histoire de l'interprétation,



*Page du catalogue de Jérôme Thibouville-Lamy, 1919.*

# Violons "Sarasate"

**d'après AMATI**

***Justesse parfaite***

***Grande sonorité***

***Grande solidité***

EN NEUF

EN IMITATION

| SARASATE ÉLÈVE | SARASATE MAITRE | SARASATE ARTISTE<br>chevilles garnies olives argent |
|---|---|---|
| Pièce | Pièce | Pièce |
| **SAR 1**. En neuf...... 98 » | **SAR 6**. En neuf...... 130 » | **SAR 14**. En neuf...... 170 » |
| **SAR 2**. En imitation 98 » | **SAR 8**. En imitation 130 » | **SAR 15**. En imitation 170 » |

**Entièrement faits de toutes pièces par des MAITRES-LUTHIERS**

Tout instrument qui n'aurait pas donné entière satisfaction sera immédiatement échangé, chaque violon porte son étiquette à l'intérieur, le nom « Sarasate » est également apposé au fer au dos du violon, exactement sur le talon du manche.

"Sarasate plays at the St. James's Hall this afternoon," he remarked. "What do you think, Watson? Could you patients spare you for a few hours?"

"I have nothing to do

dans un passé presque aussi lointain que les origines de l'enregistrement sonore.

Ce stradivarius est aujourd'hui conservé et présenté au public, grâce à la générosité de Pablo de Sarasate envers la France, le faisant entrer dans une collection nationale et publique. Il demeure une référence précieuse pour la communauté très dynamique des luthiers contemporains. Celle-ci étudie avec une inlassable ténacité les matériaux et techniques de fabrication de leurs prestigieux ancêtres et maîtres, dans une démarche à la fois patrimoniale et vivante.

**MÊME SHERLOCK HOLMES ET LE DOCTEUR WATSON L'ENTENDIRENT EN 1891 AU ST. JAMES'S HALL.**



*Extrait de Arthur Conan Doyle,* The Red-Headed League, The Strand Magazine, *août 1891.*

Juillet 1817-27 mai 1840
Niccolò Paganini
1773-1774-juillet 1817
Comte Ignassio
Alessandro Cozio
di Salabue
Avant le 3 octobre 1866-
20 septembre 1908
Pablo de Sarasate
87 interventions
chez Gand & Bernardel
1743-1773/74
Paolo Stradivari
1737-1743
Francesco ou
Omobono Stradivari
27 mai 1840 - ...
Achille Paganini
1750
1800
1850
À partir du 4 mars 1828
Conservé par
Carlo Carli à Milan
1774-1786
Recalage du manche
en arrière par
Giovanni Battista
Guadagnini
(certainement
avant 1776)
10 novembre 1846
Achille Paganini le confie
à Jean-Baptiste Vuillaume pour le vendre
au sein d'un quatuor Stradivarius
Avant le 12 décembre 1846
Réparation de Jean-Baptiste Vuillaume
1851
Jean-Baptiste Vuillaume l'emporte
pour le vendre durant
l'Exposition universelle de Londres
10 septembre 1851
Accord d'Achille Paganini pour vendre
séparément les quatre instruments
1864/66
Vente par Jean-Baptiste Vuillaume
à Pablo de Sarasate

# Historique des propriétaires

*En italique, les événements qu'aucune source n'a pu confirmer.*

1909
Entrée dans la collection du Musée du Conservatoire de Paris

1995
Entrée dans la collection du Musée de la musique, Paris

1956
Restauration Millant-Deroux

Du 2 septembre au 15 octobre 1957
Présenté lors du Concours international de quatuor (section lutherie) à Liège

1962
Restauration Étienne Vatelot

Du 2 novembre 1980 au 5 avril 1981
Présenté à l'exposition *The Look of Music*, Vancouver Centennial Museum

Du 26 août au 7 octobre 1987
Présenté à l'exposition *Capolavori di Antonio Stradivari*, Crémone

Du 23 octobre 1998 au 31 janvier 1999
Présenté à l'exposition *Violons, Vuillaume*, Musée de la musique, Paris

# Enregistrements musicaux

Les enregistrements de Pablo de Sarasate, jouant très probablement son stradivarius de 1724, l'ont été sur « disques pour Gramophone » en 1904.

| Num. catalogue | Matrice | Titre | Compositeur |
|---|---|---|---|
| G.-C.-37929 | 4262o | *Caprice basque op. 24* | Pablo de Sarasate |
| G.-C.-37930 | 4263o | *Zigeunerweisen op. 20,* pt 1 | Pablo de Sarasate |
| G.-C.-37931 | 4258o | *Partita n° 3: Prélude* BWV 1006 | Johann Sebastian Bach |
| G.-C.-37932 | 4259o | *Caprice jota op. 41* | Pablo de Sarasate |
| G.-C.-37933 | 4260o | *Tarentelle op. 43* | Pablo de Sarasate |
| G.-C.-37934 | 4261o | *Miramar « Zortzico » op. 42* | Pablo de Sarasate |
| G.-C.-37935 | 4264o | *Zigeunerweisen op. 20,* pt 2 | Pablo de Sarasate |
| G.-C.-37936 | 4265o | *Habanera, Danse des souliers op. 23 n° 2* | Pablo de Sarasate |
| G.-C.-37937 | 4266o | *Zapateado, Danse des souliers op. 23 n° 2* | Pablo de Sarasate |
| G.-C.-37938 | 4267o | *Nocturne op. 9 n° 2* | Frédéric Chopin |



On retrouve *Zigeunerweisen*, *Tarentelle* et *Zapateado* dans une réédition : Eugène Ysaye, Pablo de Sarasate, Joseph Joachim, Mischa Elman, Maud Powell, *Great Virtuosi of the golden age*, vol. 1, Vinyl, Pearl GEMM 101, CD, 1988, Pearl.

Pierre Amoyal enregistra avec le Sarasate en 1977 la *Sonate op. 2 n° 2 en la majeur* pour violon et basse continue d'Antonio Vivaldi : Pierre Amoyal, Susan Moses, Edoardo Farina, *Les Instruments précieux du Musée du Conservatoire*, vol. 2 : *Les Violons*, Vinyl, Erato STU 71146, 1977 (réédité en CD en 1985, Erato Originals).

# Bibliographie

De nombreux livres et articles ont été consultés, ainsi que des ressources en ligne. Tous ne sont pas mentionnés dans cette bibliographie. Parmi la pléthore de publications concernant Antonio Stradivari comme Niccolò Paganini, ont été retenus les travaux les plus historiques, ceux qui se situent au plus près des sources.

Les travaux monographiques sur Pablo de Sarasate sont rares. J'ai croisé les mentions de l'artiste dans la presse d'époque pour les relier à celles issues des archives de l'atelier de lutherie Gand & Bernardel (http://archivesmusee.philharmoniedeparis.fr/gand/) ou des événements mieux connus que sont les créations des œuvres qui lui étaient dédiées. Concernant l'histoire du violon Sarasate, j'ai consulté en particulier l'ensemble des sources conservées au Musée de la musique, dans le dossier d'œuvre de l'instrument. Les informations sur l'histoire de ce violon, en particulier avant la fin du XIX^e^ siècle, étant parfois discordantes, je suis retourné aux sources premières accessibles (transcriptions des manuscrits de Cozio, de Paganini, etc.) et ai procédé à leur croisement et à leur confrontation.


Marco d'Agostino et Curzio Merlo, « The G letter dispels all doubts », *The Absolute Stradivari: the Messie*, Crémone, Edizioni Museo del Violino, 2016.

Charles Beare et Bruce Carlson, *Antonio Stradivari: the Cremona exhibition of 1987*, Londres, J. & A. Beare, 1993.

Carlo Chiesa et Duane Rosengard, *The Stradivari Legacy*, Londres, Peter Biddulph, 1998.

Myriam Chimènes, *Mécènes et musiciens*, Paris, Fayard, 2004.

Arturo Codignola, *Paganini intimo*, Bergame, Industrie poligrafiche Nava, 1935.

Geraldine de Courcy, *Paganini: the Genoese*, Norman, University of Oklahoma Press, 1957.

Ignazio Alessandro Cozio di Salabue, *Carteggio*, édition établie par Renzo Bacchetta et Giovanni Iviglia, Milan, Antonio Cordani, 1950.

Jean Delumeau, « La peste et la peur », *Croyance, raison et déraison*, sous la dir. de Gérard Fussman, Paris, Odile Jacob, 2006.

Joël-Marie Fauquet, *Les Sociétés de musique de chambre à Paris de la Restauration à 1870*, Paris, Aux Amateurs de livres, 1986.

François-Joseph Fétis, *Notice biographique sur Nicolo Paganini* suivie *De l'analyse de ses ouvrages* et précédée *D'une esquisse de l'histoire du violon*, Paris, Schonenberger, 1851.

Charles Eugène Gand, *Catalogue descriptif des instruments de Stradivarius et Guarnerius del Gesù : vingt années d'expertise (1870-1891)*, sous la dir. de Sylvette Milliot, Spa, Les Amis de la Musique, 1994.

William Henry Hill, Arthur F. Hill et Arthur Ebsworth Hill, *Antonio Stradivari : his life and work (1644-1737)*, Londres, W. E. Hill & Sons, 1902.

Anne Houssay, « Violon "Sarasate", 1724 », *Violons, Vuillaume : un maître luthier français du XIX^e^ siècle, 1798-1875*, sous la dir. de Rémy Campos, Paris, Cité de la musique, 1998.

Claude Lebet, *Le Quatuor Stradivarius « Nicolò Paganini » : la correspondance de Jean-Baptiste Vuillaume à Achille Paganini*, Spa, Les Amis de la Musique, 1994.



Marco Malagodi, Giusj Valentina Fichera et Maurizio Luchelli, « The study of the inks », *Antonio Stradivari : disegni, modelli, forme*, sous la dir. de Fausto Cacciatori, Crémone, Edizioni Museo del Violino, 2016.

Edward Neill, *Nicolò Paganini*, traduit de l'italien par Sylviane Falcinelli, Paris, Fayard, 1991.

Niccolò Paganini, *Epistolario*, vol. 1 : *1810-1831*, édition établie par Roberto Grisley, Milan, Skira, 2007.

Custodia Plantón, *Pablo Sarasate (1844-1908)*, Pampelune, Ediciones Universidad de Navarra, 2000.

Xavier Rey, *Niccolò Paganini : le romantique italien*, Paris, L'Harmattan, 1999.

Federico Sacchi, *Il Conte Cozio di Salabue : cenni biografici di questo celebre collettore d'istrumenti ad arco e suo saggio critico sulla liuteria cremonese*, Crémone, Turris, 1987.

Nicholas Sackman, « "Very strong of voice, and like a viola" », 2018, http://themessiahviolin.uk/Cozio_Paganini.pdf (consulté le 5 juin 2018).

Zdenko Silvela, *A new history of violin playing : the vibrato and Lambert Massart's revolutionary discovery*, Irvine, Universal Publishers, 2001.

# Remerciements

J'assistais au colloque de la British Violin Making Association, organisé par Benjamin Hebbert les 16 et 17 septembre 2017 à Oxford. Le thème portait sur un autre violon d'Antonio Stradivari, le célèbre Messie de 1716, et les interventions présentaient l'état des connaissances sur ce violon, notamment le fait que le « G » inscrit dans la mortaise du Messie l'avait été par le comte Cozio. C'est alors qu'est née la possibilité de ce livre… Que les intervenants en soient remerciés ! Les discussions avec Peter Beare, Joshua Beyer, Philippe Bruguière, Carlo Chiesa, François Denis, Alban Framboisier, Christine Laloue, Emanuele Marconi, Matthias Ockermüller, Duane Rosengard, Balthazar Soulier et Stéphane Vaiedelich ont permis d'affiner et de renforcer mon propos.

Je remercie l'ensemble des collègues du Musée de la musique et de la Cité de la musique-Philharmonie de Paris qui ont soutenu ce projet, notamment Marie-Pauline Martin, directrice du Musée de la musique, Stéphane Roth, directeur éditorial, et Sabrina Valy, éditrice du présent ouvrage.

*Jean-Philippe Échard est conservateur en charge de la collection d'instruments à archet du Musée de la musique. Ingénieur et docteur en chimie, auteur de nombreuses publications, ses travaux sur les matériaux et techniques de vernissage des luthiers des* XVIe-XVIIIe *siècles sont internationalement reconnus.*

# Table des illustrations

**63** Inscription « PG » sur le moule de violon MS21 provenant de l'atelier de Stradivari et de la collection de Cozio. Collezioni Civiche Liutarie del Comune di Cremona e Museo del Violino, Crémone.

**64** Moule de violon MS21 provenant de l'atelier de Stradivari et de la collection de Cozio. Collezioni Civiche Liutarie del Comune di Cremona e Museo del Violino, Crémone.

**65** Superposition du contour du violon (intérieur des filets du dos) et de la forme du moule, tous les deux marqués « PG » par le comte Cozio. Graphisme Lilli Lacombe.

**66-67** Portrait de Niccolò Paganini, École française, XIXe siècle. Paris, Philharmonie, Musée de la musique. Photo Claude Germain.

**68** Jean-Pierre Dantan, *Portrait-charge de Niccolò Paganini*, Paris, 1832. Paris, Philharmonie, Musée de la musique. Photo Jean-Marc Anglès.

**73** Carlo Carli, lettre à Paganini, Milan, 4 mars 1828. Conservée à la Biblioteca comunale de Trente – BCT 4-62.

**74** Jean-Auguste-Dominique Ingres, *Portrait de Paganini*, Rome, 1819. © RMN-Grand Palais / Michèle Bellot / Paris, musée du Louvre.

**77** Portrait de Niccolò Paganini, École française, XIXe siècle. Collection André Meyer. Paris, Philharmonie, Musée de la musique. Photo Jean-Marc Anglès.

**78** Illustration de couverture du journal *Le Voleur illustré*, Paris, 2 octobre 1890. Paris © Bibliothèque nationale de France.

**82-83** Vue du Crystal Palace, lieu de l'Exposition universelle de 1851 à Londres. Collection Hulton Archives. © Hulton Archives / Getty Images.

**84** Jean-Baptiste Vuillaume et son gendre Delphin Alard, Paris, c. 1865. Collection du baron d'Ussel. Photo Nabil Boutros.

**90-91** Concert donné à la Salle Pleyel le 2 juin 1896 par Camille Saint-Saëns, Pablo de Sarasate et Paul Taffanel. Paris © Bibliothèque nationale de France.

**92** Première mention du stradivarius appartenant à Sarasate dans les registres de compte des luthiers Gand & Bernardel frères. Paris, Philharmonie, Musée de la musique.

**95** Atelier Nadar, *Portrait de Pablo de Sarasate*. Paris, Philharmonie, Musée de la musique. Photo Claude Germain.

**99** Annonce des concerts de Sarasate à Londres en 1888. © Look and Learn / Collection Peter Jackson.

**100** Carlo Pellegrini, *Pablo de Sarasate*, « L'homme du jour n° 426 », *Vanity Fair*, 25 mai 1889. © National Portrait Gallery, Londres.

**103** Jean-Joseph Constant dit Benjamin-Constant, *Portrait de Camille Saint-Saëns*, Paris, 1898. Paris, Philharmonie, Musée de la musique. Photo Jean-Marc Anglès.

**104** *Portrait de Pablo de Sarasate*, 1901. Paris, Philharmonie, Musée de la musique. Photo Claude Germain.

**106** Disque Gramophone de l'enregistrement des *Zigeunerweisen* par Pablo de Sarasate lui-même. Paris © Bibliothèque nationale de France.

**107** Le violon Sarasate, Antonio Stradivari, Crémone, 1724. Paris, Philharmonie, Musée de la musique. Photo Jan Röhrmann.

**108-109** Un luthier en train d'étudier le Sarasate au laboratoire du Musée de la musique, 2018. Charles d'Hérouville © Cité de la musique-Philharmonie de Paris.

**110** Vitrine « virtuosité », Musée de la musique, Paris, 2018. Jean-Philippe Échard © Cité de la musique-Philharmonie de Paris.

**112** Plaque de présentation du Sarasate dans sa vitrine au Musée du Conservatoire, XXe siècle. Jean-Philippe Échard © Cité de la musique-Philharmonie de Paris.

**115** Page du catalogue de Jérôme Thibouville-Lamy, 1919. Collection Roland Terrier. DR.

**116** Extrait de Arthur Conan Doyle, *The Red-Headed League*, *The Strand Magazine*, août 1891. DR.

**126** Nom des différentes parties d'un violon. Graphisme Lilli Lacombe.

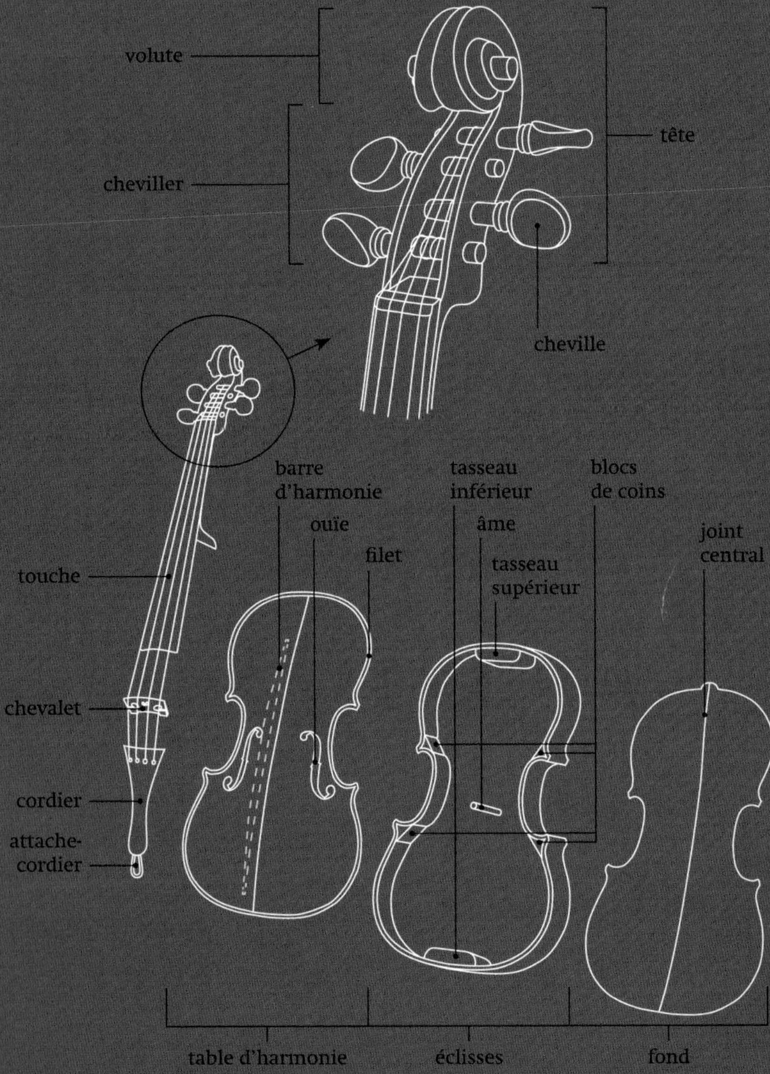


*Noms des différentes parties d'un violon.*

Image
de couverture : Le violon Sarasate,
Antonio Stradivari,
Crémone, 1724


*Achevé d'imprimer*
*en juillet 2018 par Pollina, 86196,*
*85400 Chasnais*
Dépôt légal : septembre 2018
*Imprimé en France*